新时代中华传统文化知识丛书

中华老字号

李燕　罗日明　主编

应急管理出版社
· 北京 ·

图书在版编目（CIP）数据

中华老字号 / 李燕，罗日明主编．－－北京：应急管理出版社，2024

（新时代中华传统文化知识丛书）

ISBN 978－7－5237－0076－1

Ⅰ.①中… Ⅱ.①李… ②罗… Ⅲ.①老字号—中国 Ⅳ.①F279.24

中国国家版本馆 CIP 数据核字（2023）第 234431 号

中华老字号（新时代中华传统文化知识丛书）

主　　编　李　燕　罗日明
责任编辑　郑　义
封面设计　薛　芳

出版发行　应急管理出版社（北京市朝阳区芍药居 35 号　100029）
电　　话　010－84657898（总编室）　010－84657880（读者服务部）
网　　址　www.cciph.com.cn
印　　刷　天津睿意佳彩印刷有限公司
经　　销　全国新华书店

开　　本　710mm×1000mm 1/16　**印张**　9　**字数**　100 千字
版　　次　2024 年 8 月第 1 版　2024 年 8 月第 1 次印刷
社内编号　20231295　　**定价**　39.80 元

序言

中华老字号是指那些历史悠久、世代传承、在多年的发展中获得了社会广泛认同的品牌。它们为消费者提供特色鲜明的产品、技艺或服务，拥有着深厚的文化底蕴与独特的商业价值。

这些中华老字号有始于明万历年间的医药老字号，如陈李济；有享誉京城的绸缎庄，如瑞蚨祥；也有让人赞不绝口的美食，如功德林素菜……可以说，每一家中华老字号都是历经沧桑，传承着中华传统文化。

如今依旧活跃在大众视野中的中华老字号都有着悠久的历史。在百年甚至更长时间的发展历程中，它们经受住了时代和世人的考验。但是，在如今各行各业日益激烈的市场竞争环境下，一些中华老字号陷入了规模缩减、无人传承的困局，其发展面临诸多挑战。

为引导具有自主知识产权、优秀民族文化和独特技艺的老字号加快创新发展，商务部从 2006 年起在全国实施“振兴老字号工程”。2017 年 1 月，中共中央办公厅、国务院办公厅印发了《关于实施中华优秀传统文化传承发展工程的意见》，提出实施中华老字号保护发展工程，支持一批文化特色浓、品牌信誉高、有市场竞争力的中华老字号做精做强。2023 年，商务部等五部门印发《中华老字号示范创建管理办法》，释放推动老字号创新发展，促进老字号品牌消费的积极信号。中华老字号经营者要积极行动起来，顺应时代发展，创新求变，以良好的信用、优良的产品和周到的服务，积极促进老字号持续发展。而我们则要了解老字号、认同老字号、保护老字号，为老字号传承尽一份力。基于此，编者编撰了这本关于中华老字号的书，以期让更多人了解中华老字号的文化与历史。

目录

第一章 历史悠久的老字号

第二章 餐饮老字号

第三章　食品老字号

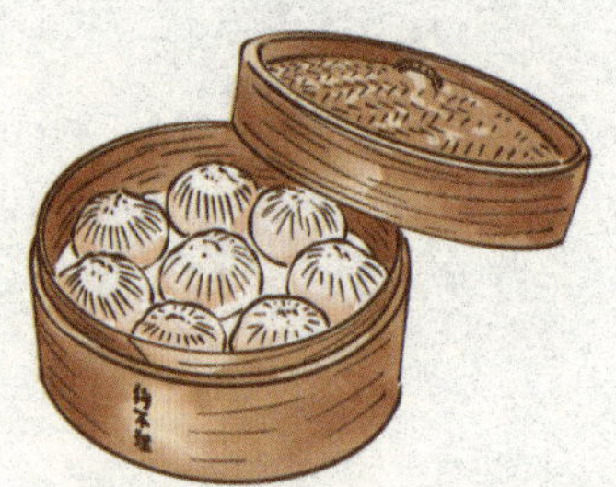

第四章　医药老字号

第五章　服饰老字号

第六章　百货老字号

第七章　其他老字号

第一章

历史悠久的老字号

一、何为“老字号”？

中华老字号不仅历史悠久，还拥有中华传统文化背景和深厚的文化积淀。中华老字号是时代发展的印记，它在不少人心里，是记忆，是情怀，也是乡愁。

从中华人民共和国商务部发布的中华老字号的认定条件可知，中华老字号是指历史底蕴深厚、文化特色鲜明、工艺技术独特、设计制造精良、产品服务优质、营销渠道高效、社会广泛认同的品牌（字号、商标等）。因此，中华老字号不仅要具有鲜明的优秀传统文化特色，还要具有广泛的群众基础、丰富的历史价值和文化价值。

历史底蕴深厚是中华老字号品牌的首要特征。能够入选“中华老字号”的品牌，大多经过了较长时间的发展。老字号品牌张小泉创建于明朝崇祯年间，清朝康熙年间定名，1915 年在美国巴拿马万国博览会上获得银牌，现如今依然是中国刀剪行业中的重要品牌。

（1）文化特色鲜明，即具有鲜明的中华优秀传统文化特色，这是对中华老字号的重要要求。服饰老字号瑞蚨祥传承百年技艺，将中华传统文化融入服饰加工制作，以中国丝绸特有的美感，设计出了诸多高品质的民族服装。

（2）工艺技术独特、设计创造精良，是中华老字号的基本要求。同仁堂作为国内知名的老药房，拥有大量古方、秘方、偏方，以及丰富的应对疑难杂症的经验。这些产品、技艺是其他同类企业所无法匹敌的，也是同仁堂作为老字号品牌的核心竞争力。

（3）具有丰富的历史价值、文化价值，是中华老字号的又一特色。老字号品牌的历史价值、文化价值既是其品牌价值的外在表现，也是其传承发展的核心动力。很多老字号品牌在过去发展得顺风顺水，进入 21 世纪后却逐渐销声匿迹，究其原因，就是这些老字号品牌失去了创造历史价值和文化价值的能力，没办法

在新的市场竞争中生存下去。

对于老字号品牌来说，“老字号”是一份荣誉，也是一份责任。这份荣誉可以为老字号品牌的发展提供支持、带来机遇，而这份责任则要求老字号品牌传承中华传统文化、振兴中国经济。

在新的市场环境下，老字号品牌既要守正，也要创新；既要将自身优秀的产品、技艺、服务传播出去，也要将先进的技术、理念、创意吸收进来。只有这样，老字号品牌才会有发展活力，才能不断壮大。

二、中华老字号的认定

中华老字号的认定需要遵循严格的流程，并满足必要的条件。只有被认定为中华老字号的企业和品牌，才可以使用相应的中华老字号的标识和文字。

如果一家企业成了中华老字号，就意味着它获得了政府部门的认可，意味着自己的产品、技艺、服务经受住了时间的考验。国内拥有优秀产品、技艺、服务的企业有很多，但真正能够被认定为中华老字号的却并不多。由此可见，中华老字号的“门槛”是相对较高的。

在我国，中华老字号的认定管理工作由商务部主管，各省、自治区、直辖市和计划单列市人民政府商务主管部门会同同级相关部门负责本行政区域内的中华老字号示范创建相关工作。在中华人民共和国境内依法设立并从事经营活动的企业都可以申请老字号认定，但需要具备一定的条件。

根据《中华老字号示范创建管理办法》第六条规定，中华老字号应当具备以下条件：

（一）品牌创立时间在50年（含）以上；

（二）具有中华民族特色和鲜明的地域文化特征；

（三）面向居民生活提供经济价值、文化价值较高的产品、技艺或服务；

（四）在所属行业或领域内具有代表性、引领性和示范性，得到广泛的社会认同和赞誉。

申请中华老字号认定的企业，应当同时具备以下条件：

（一）在中华人民共和国境内依法设立；

（二）依法拥有与中华老字号相一致的字号，或与中华老字号相一致的注册商标的所有权或使用权且未侵犯他人注册商标专用权，传承关系明确且无争议；

（三）主营业务连续经营30年（含）以上，且主要面向居民生活提供商品或服务；

（四）经营状况良好，且具有较强的可持续发展能力；

（五）具有符合现代要求的企业治理模式，在设计、研发、工艺、技术、制造、产品、服务和经营理念、营销渠道、管理模式等方面具备较强的创新能力；

（六）在所属行业或领域内具有较强影响力；

（七）未在经营异常名录或严重违法失信名单中。

在确定满足上述条件后，想要申请中华老字号认定的企业，还需要提交以下材料：

（一）企业基本信息、股权结构及近5年经营情况；

（二）品牌创立时间的证明材料；

（三）老字号注册商标的权属证明文件；

（四）主营业务传承脉络清晰的证明材料；

（五）品牌历史价值和文化价值的介绍材料；

（六）企业在设计研发、工艺技术、产品服务和经营理念、营销渠道、管理模式等方面创新发展的介绍材料；

（七）企业文化的介绍材料和获得荣誉的证明材料；

（八）针对上述材料并经法定代表人或负责人签字的真实性承诺；

（九）商务主管部门和相关部门认为应当提交的其他相关材料。

申请企业通过中华老字号信息管理系统如实填报企业情况后，省级商务主管部门会与其他有关部门一同对本地区企业提交的申请材料进行审核，确认无误后，向商务部提出推荐意见，并移交申请材料。之后，经过专家审查、社会公示等环节，商务部会将通过认定的企业列入中华老字号名录，并向社会公布。

即使通过认定，企业也不能抱着这块“金字招牌”不思进取，因为企业如果不再符合中华老字号认定条件，也会被移出中华老字号名录。那些被移出中华老字号名录的企业，不仅不能再使用中华老字号的标识，而且在此后 5 年内不得再次申请中华老字号认定。

三、中华老字号的类别

中华老字号的类别多种多样，几乎涉及衣、食、住、用、行各个方面。在上千家中华老字号中，与“吃”相关的企业数量最多，并依然活跃在商业市场中。

在中华人民共和国成立初期，我国有1万多家老字号，分布于餐饮、零售、食品、医药等众多行业。几十年过去，现在依然在经营的老字号品牌还有1000多家，涉及行业也多种多样。

从中华人民共和国商务部中华老字号信息管理系统中，我们可以查询到当前仍在经营的中华老字号品牌的信息。这些老字号品牌主要集中在餐饮住宿、食品加工、零售、医药、工艺美术、居民服务等行业。

餐饮住宿行业的老字号有100多家，有名的有全聚德、便宜坊、杏花楼、起士林、甘长顺、听鹂馆、东来顺、马迭尔、狗不理等。这些老字号品牌虽然都属于餐饮住宿行业，但其具体的经营品类、制作技艺与主打卖点等有所不同。全聚德与便宜坊都以烤鸭闻名，但两家老字号的烤鸭在制作技艺上完全不同，味道也有所差异。楼外楼与燕云楼都是有名的老字号餐馆，楼外楼以“佳肴与美景共餐”闻名，燕云楼则因特色京菜而深受群众喜爱。

食品加工行业的老字号有500多家，有名的有稻香村、月盛斋、五芳斋、震远同、冠生园、大白兔、六必居等。其中，稻香村、冠生园等老字号品牌主营糕点类产品；月盛斋主营清真肉类食品，尤以酱牛肉最为出名；震远同主营休闲小食，以玫瑰酥糖、牛皮糖、椒盐桃片、核桃糕最为出名；大白兔主做奶糖，现已将产品销售至海外数十个国家和地区。

零售行业的老字号有100多家，有名的有吴裕泰、内联升、同升和、盛锡福、瑞蚨祥、老庙、老凤祥等。吴裕泰最初主营茶产品，现如今已成为一家年销售额过亿元的连锁经营企业；内联升以生产、销售鞋类产品闻名，其布

鞋深受群众喜爱；老庙和老凤祥主营的都是黄金珠宝首饰，拥有悠久的历史和深厚的文化底蕴。

医药行业的老字号有近百家，有名的有同仁堂、胡庆余堂、九芝堂、云南白药等。其中，同仁堂、胡庆余堂、九芝堂都是由药铺、药号发展而来的，现已成为拥有诸多医药产品的中药企业；云南白药品牌从诞生之初便具有创新基因，现如今已经成为中华老字号中较具创新力的医药品牌之一。

总的来说，中华老字号在品类上覆盖了人们日常生活的方方面面。得益于人们的需求与支持，这些老字号不断传承、发展至今。不过，新技术、新商业模式的出现也给老字号品牌带来了不少挑战，那些无法满足人们需求的老字号品牌正逐渐从人们的视线中消失。

四、老字号的传承与创新

对于老字号品牌来说，传承与创新并不矛盾，只要找准二者的结合点，便能焕发新的光彩。

老字号的价值在于历史传承，它的未来则在于开拓与创新。一百年前，老字号还可以依靠“独家秘方”雄霸商业市场，现如今在日益激烈的市场竞争中，老字号若依然固守着“独家秘方”，企业道路就会越走越窄。

2022 年 3 月，商务部、中央宣传部、自然资源部、住房和城乡建设部、文化和旅游部、市场监管总局、文物局、知识产权局联合发布了《商务部等 8 部门关于促进老字号创新发展的意见》（以下简称《意见》），为推动老字号创新发展提供了政策指导。老字号的创新发展，要坚持政府引导和市场主导相结合，坚持文化价值和经济价值相结合，坚持保护传承和创新发展相结合，坚持分层推进和分类指导相结合。老字号持续健康发展的政策环境更加完善，创新发展更具活力，产品服务更趋多元，传承载体更加丰富，文化特色更显浓郁，品牌信誉不断提升，市场竞争力明显增强。

近年来，借助国家政策扶持，老字号品牌发展活力不断增强，创新尝试也越来越多。许多老字号品牌凭借创新成功“突围”，获得了青年消费者的认可与喜爱。

170 年前，内联升是潮流时尚的标杆，在较长一段时间里，都以传承老字号工艺为发展主线。但随着时代的发展，人们的喜好与需求发生了较大改变，内联升的市场竞争力大不如前。为了重回大众市场，内联升积极进行创新和改变：从 2013 年开始，内联升便与国内知名设计院校、设计师合作，推出了许多全新产品；近几年，随着“文创”“跨界”的火热，内联升陆续与故宫博物院、国家博物馆合作，推出了一系列联名文创产品。

为了更贴近年轻人，内联升还与“大鱼海棠”“王者荣耀”等深受年轻人喜爱的娱乐 IP 展开合作，推出联名产品。其中，内联升与“大鱼海棠”联名的系列女鞋，在开售 18 小时后便销售一空，取得了巨大成功。

除了推出联名款产品，内联升还打造了面向年轻人的潮流副线，在大栅栏内联升总店二层开了间“大内·宫保咖啡”。这间咖啡屋主打宫廷风，室内装饰也非常有氛围感，坐在其中可以一边品味咖啡，一边欣赏楼下步行街的热闹景象。

不只是内联升，其他老字号品牌为了寻求新的发展，也都纷纷走上了创新之路。全聚德不仅推出了全新菜品，还专门设计了新的 IP 形象“萌宝鸭”；北京珐琅厂不仅将大师作品“移植”到了抱枕、冰箱贴上，还成立了珐琅腕表研发中心，开拓奢侈品腕表研发新领域。

对于老字号品牌来说，传承是必要的，但老字号要传承的并不是故步自封的“老”，而是历久弥新的“老”。老字号品牌要将自己深厚的历史文化积淀与新的时代特征、市场环境相结合，不断创新，以保持基业长青。

第二章

餐饮老字号

一、便宜坊

便（biàn）宜坊烤鸭店创建于明朝，是中国国家特级酒家，也是中国商务部首批认定并授予牌匾的“中华老字号”饭庄。其店名就蕴含了“便利人民、宜室宜家”的经营理念。因为便宜坊的焖炉烤鸭在烤制过程中不见明火，所以又被人们称作“绿色烤鸭”。

明朝永乐年间，一位王姓的南京人在北京宣武门开了一家烤鸭店，因味美价廉而颇受顾客欢迎。后来，人们就称这家店为“便宜坊”。

关于便宜坊，还有一个与谏臣杨继盛、奸相严嵩有关的故事：明嘉靖三十二年（1553 年），时任兵部员外郎的杨继盛在朝堂上弹劾奸相严嵩不成反被诬陷，心情非常郁闷。下朝后，他饿着肚子走到菜市口米市胡同时，忽然闻到了一阵香味。于是，杨继盛顺着香气寻得了一个店堂不大却幽雅干净的小店。小店此时宾客满堂，众人推杯换盏，一片欢乐气氛。

杨继盛找了个座位，点了一只烤鸭和些许酒菜。美食下肚，他心中的烦闷和不快也被抛到了九霄云外。在吃饭的时候，有些人认出他就是有名的清官杨继盛，于是便告知了店主。店主出来亲自为杨继盛斟酒片鸭，两人相谈甚欢。攀谈之中，杨继盛得知此店名叫“便宜坊”，又见店主待客周到，便让店主取来笔墨，为店主题写了“便宜坊”三个大字。此后，杨继盛便与众位大臣频繁光顾，便宜坊也因此更加出名了。

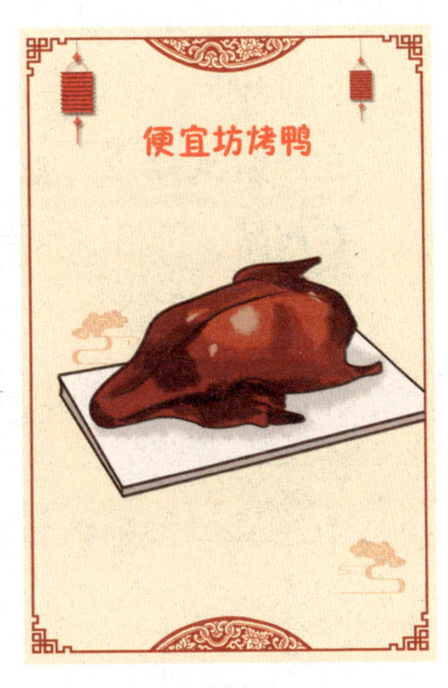

后来，杨继盛遭严嵩诬陷遇害。他死后，严嵩仍不解气，便让人强行去摘便宜坊的匾额。店主不愿听从，以身护匾，即使被打得奄奄一息，也不撒手。眼看围观的人越来越多，严嵩担心因为一块匾额引发众怒，只好作罢。经过此事，便宜坊更加声名远播。

与其他烤鸭不同，便宜坊的“焖炉烤鸭”皮酥肉嫩，味道鲜美。并且由于烤制过程不见明火，烤鸭表面光洁无杂质，独具特色。近年来，便宜坊烤鸭店在坚守传统工艺的基础上，研发创新出“花香酥”“蔬香酥”等专利烤鸭，还推出了“水晶鸭舌”“芥末鸭掌”“葱烧海参”“酒香鸭心”“干烧四宝”等深受消费者喜爱的招牌菜。

在经营战略上，便宜坊以“古老、年轻”为品牌定位，在产品、价格、营销方面实现传统与现代的结合，让百年老店更加年轻化，以此适应人们的口味。

如今，便宜坊凭借自身几百年的文化积淀，遵循“服务一流——再精心一点儿，质量保证——再放心一点儿，清洁卫生——再细心一点儿，物超所值——再倾心一点儿”的方针，坚持“振兴中华老字号，创造精品便宜坊”的宗旨，向更高的目标迈进。

二、砂锅居

砂锅居饭庄始建于清朝乾隆年间，是京城一家饮食文化丰富、历史悠久的中华老字号。砂锅居不仅有独特的老北京美食，也记载和折射了北京地域文化的演进与发展。

砂锅居饭庄主打的是砂锅系列，其中砂锅白肉是招牌菜，它还有“名震京都三百载，味压华北白肉香”的美誉。不过，早年间砂锅居在北京城的名气并不大，它真正出名是在清朝光绪年间。

当时，有一位中堂在家办寿宴，宴会上不管是六部高官还是封疆大吏，不管是翰林学士还是八旗都统，都争先恐后地跟中堂说恭维的话。有几位宫里的“里扇儿”（太监）也前来祝寿。不过清朝的太监有个恶习，他们去主人家做客，无论对方准备了多么丰盛精致的菜肴，他们都要摆手摇头，说菜肴不堪入目，难以下咽。太监们必须亲自点菜，点的还得是京城内有名饭庄里的菜，以此彰显自己的身份比主人家和在座的所有宾客更高贵。

就在几个太监七嘴八舌点菜的时候，一个太监顺口说道："我要砂锅居的烧碟儿炸肷贴。"谁料这句话一下子捧红了当时属于下水棚子的砂锅居。一时间，各大官员贵胄、平民百姓都知道了"中堂老爷家庆寿，太监点名用了砂锅居的菜"！这下子，讲究吃穿用度的旗人纷纷将砂锅居的烧燎白煮作为席面上的一道菜。办喜事、办丧事、办寿宴、办弥月等，谁家不摆上它，都显得落魄了几分。

当时，有不少生意人见砂锅居的买卖兴隆，纷纷仿照，将自己的店铺改名为"砂锅居"。一时间，老北京城遍地都是砂锅居，让人难分真假。为此，砂锅居特意在门前立起了两块招牌，一块是"名震京都三百载，味压华北白肉香"，另一块则是"只此一家，别无分号"。

20 世纪 50 年代，砂锅居为了适应广大人民群众的口味，特意增添了用小砂锅炖煮的"砂锅白肉""砂锅鸡块”“砂锅丸子”“砂锅豆腐”“什锦砂锅”等砂锅菜。这些砂锅菜一经推出，就受到了人们的广泛好评。后来，砂锅居又顺应时代发展，进行了大规模翻修扩建。新开业的砂锅居典雅古朴，增设了许多现代设施，别具特色。

三、火宫殿

火宫殿位于湖南省长沙市坡子街，它不仅是长沙市著名的景点之一，还是一家驰名中外的中华老字号。火宫殿集传统民俗文化、火神庙文化、饮食文化于一体，在这里，人们可以品尝到各式各样的长沙小吃，比如长沙臭豆腐、糖油粑粑等。

明朝时，长沙坡子街有一座小庙，里面供奉着火神祝融，所以人们都将它称作"火神庙"。后来，火神庙年久失修，朽败不堪。到了清朝道光年间，客居长沙的绅士蔡世望等人决定联合城内的士绅商贾，重新修建火神庙。众人商量后，决定将火神庙的规模扩大，建成包含前坪（包括古牌坊、戏台、火神庙）、后院（包括财神庙、弥陀阁、普慈阁）的火宫殿。清代书法家黄自元还在古牌坊中门上题写了"乾元宫"三个大字，戏台两侧柱子上还刻有清代书法家何绍基撰写的楹联："象以虚城，具几多世态人情，好向虚中求实；味于苦出，看千古忠臣孝子，都从苦里回甘。"

到了民国时期，火宫殿从最初的庙宇变成了商贩售卖各色小吃的集聚地。火宫殿以"火神庙文化"为底蕴，辅以名品小吃，吸引了许多名人慕名前来。在各类小吃中，比较出名的有油炸臭豆腐、龙脂猪血、红烧猪脚、姊妹团子和糖油粑粑。

油炸臭豆腐是清朝同治年间长沙府湘阴县一姜姓豆腐店老板偶然创制的。当时，姜氏将一缸酱腌豆腐干炸制后食用，发现美味非常，于是便开始售卖油炸臭豆腐。清朝光绪年间，姜家将臭豆腐摊搬到长沙火宫殿，一直流传至今。

龙脂猪血同样创制于清朝同治年间。当时，火宫殿里有不少卖猪血的摊担，其中数胡家摊担的猪血卖得最好。到了 20 世纪 40 年代，胡家后人胡桂英将猪血生意越做越出名。一天，一位读书人品尝了胡桂英制作的猪血后非常喜爱，于是便说道："你做的猪血比龙脂凤肝还要细嫩，不如就叫‘龙脂猪血’吧。”胡桂英听后非常高兴，便请人做了一块“龙脂猪血”的牌子。有了这个名字，她的生意比以往更好了。

红烧猪脚是火宫殿的又一道美食。当时有一户邓姓人家，这家的媳妇春香姿色出众，为人热情，擅长制作猪脚。她做出的猪脚色泽红亮、香气扑鼻，一口下去骨肉分离，肉质软糯不油腻，众人都很喜欢。

姊妹团子是长沙铜铺街的江姓姐妹开的糯米团子店。江姓姐妹美丽聪慧、心灵手巧，做起糯米团子来技法独特、动作优美，吸引了不少人围观。有一天，一位老先生吃完团子后，对江姓姐妹说道：“你们俩做的糯米团子一甜一咸，口味极好，不如就叫‘姊妹团子’吧。”闻此，姐妹俩赶忙找来笔墨，请老先生写下“姊妹团子”四字，作为店名。从此，姊妹团子也成了长沙著名的小吃。

糖油粑粑是一种传统的油炸甜食。火宫殿的糖油粑粑选用优质糯米，将茶油和白砂糖熬成浓汁，然后将搓好的糯米坨放入糖油汁中煮沸入味。火宫殿的糖油粑粑色泽红亮，口感软糯，甜而不腻，深受食客青睐。

四、楼外楼

楼外楼坐落于杭州西湖湖畔的孤山脚下，是一家驰名中外的酒楼，距今已有近200年的历史。楼外楼与杭州西湖的一些景点为邻，如平湖秋月、放鹤亭、玛瑙坡、西泠桥、中山公园等，这些景点也为楼外楼带来了商机。

“一楼风月当酣饮，十里湖山豁醉眸。”这副楹联描述的是杭州西湖湖畔的著名酒楼——楼外楼。楼外楼创建于清朝道光年间，创始人名叫洪瑞堂，是一位从绍兴来杭州谋生的落第书生。他来到杭州后，买下了一家不起眼儿的湖畔小店，从南宋诗人林升所写的《题临安邸》中“山外青山楼外楼，西湖歌舞几时休”一句里取了三个字，将自己的小店命名为“楼外楼”。

洪瑞堂虽然落第，却很擅长经营。在景色如玉的西湖湖畔，洪瑞堂不但烹得一手以湖鲜为主的好菜，而且将小店装饰得很雅致，来西湖游玩的文人雅士经常将楼外楼定为游湖用餐的首选。在文人雅士们的追捧下，楼外楼的生意也日渐兴隆。

到了 1926 年，已经有不少积蓄的洪家传人洪顺森决定翻修扩建楼外楼。他将原本一楼一底的二层楼改建成有屋顶平台的三层小洋楼，并且在酒楼里安装了电话、电扇等现代电器。洪顺森与时俱进的举措，也让楼外楼的生意更加兴隆。民国时期，光顾过楼外楼的名人有鲁迅、郁达夫、梁实秋、马寅初、竺可桢、曹聚仁等。除学界名人外，当时的一些政要也经常光顾此地。

到了 20 世纪 90 年代，政府加快了对西湖进行整治的步伐，整个湖区的面貌焕然一新。楼外楼紧随其后，将各个餐厅、包厢及大堂门面都进行了大装修。经过装修，楼外楼从外到里、从整体到局部都更好地体现了西湖的历史文化，让人们在享受美食、欣赏美景的同时，也可感受到那里浓厚的文化氛围与艺术情调。

在杭州人看来，凡有宾客，必去楼外楼品尝地道的杭州菜，久而久之，还流传出“西湖醋鱼何处美，独数杭州楼外楼”的说法。除了西湖醋鱼，楼外楼还有不少经典美食，如“宋嫂鱼羹”“鲍鱼扣鸭”“叫花童子鸡”“东坡焖肉”“龙井虾仁”“蜜汁火方”“油焖春笋”“火丁蚕豆”“元鱼煨鸽”“八宝满口香”“怪味脆皮鱼”“西湖莼菜汤”等。

楼外楼在美丽的孤山之麓，就像一颗镶嵌在山光水色中的明珠，流光溢彩、熠熠生辉。回顾楼外楼发展的历程，可以发现楼外楼与西湖美景有着密切的关联。楼外楼的兴盛和发展依托于杭州西湖的文化背景，杭州西湖使楼外楼给人留下更加深刻的印象。

五、全聚德

全聚德在百余年的时间里不断推陈出新，逐渐形成了以挂炉烤鸭为主、集各大菜系所长的全聚德菜系。

1864年，以贩卖鸡鸭为生的杨全仁看准时机，盘下了北京城前门大街上一家即将倒闭的干鲜果铺。随后，他立足自己的老本行，聘请曾在清宫做挂炉烤鸭的孙师傅，将这家干鲜果铺改造成了一家以烤鸭为主的饭馆，取名为“全聚德”。

得益于孙师傅高超的烤鸭手艺，以及杨全仁挑选鸭子的眼光，全聚德一下子便在北京城有了名气。此后数十年间，全聚德的发展可谓顺风顺水，“全聚德”这一老字号招牌也变得越来越亮。

20世纪50年代，全聚德成了文艺界人士在北京小聚的首选场所。1950年，巴金先生与老舍先生曾在这里与李伯钊、赵树理等文学巨匠及京剧大师梅兰芳畅谈文学艺术，品尝美味烤鸭。

20世纪70年代，世界各国的外宾来到北京，几乎都要尝一尝地道的全聚德烤鸭。1971年7月，周恩来总理曾用全聚德烤鸭宴请了秘密访华的基辛格博士；1972年2月，周总理又用全聚德烤鸭宴请了来中国访问的美国总统尼克松。据统计，周总理一生曾27次用全聚德烤鸭宴请外宾。全聚德烤鸭的声誉与日俱增，因此而闻名天下。

为了更好地满足国内外宾客的需要，全聚德于1979年在和平门建成了北京全聚德烤鸭店，这是当时亚洲地区最大的烤鸭店。该店一直到现在依然在接待来自海内外的宾客，还珍藏了许多跨越百年时光的老物件。

在当时的北京，全聚德俨然成为美食文化的潮流，无论是亲朋聚会还是公司聚餐，人们都会将全聚德定为首选场所。

进入21世纪，全聚德继续以创新之力擦亮自己的

“百年金字招牌”。2008 年，“全聚德挂炉烤鸭技艺”成为国家级非物质文化遗产；“全聚德全鸭席制作技艺”则被列入北京市崇文区非物质文化遗产保护名录。到 2019 年初，全聚德在全国范围内已经有百余家门店，在海外也拥有多家特许门店。

新时代的全聚德依然在继续打造“百年老字号”这块金字招牌。面对新时代市场环境与受众品味的变化，全聚德在保持传统的同时，不断探索创新，以寻求更大的发展。

六、知味观

“知味停车，闻香下马。欲知我味，观料便知。”这两句话是中华老字号企业杭州知味观的真实写照。知味观创始于1913年，坐落于风景秀丽的西子湖畔，是目前杭州著名的老字号餐饮企业之一。

1913年，孙翼斋与义阿二两人出资，在湖滨仁和路开设了一家餐馆。第二年，餐馆生意惨淡，孙翼斋决定独力继续支撑。他觉得自己餐馆的点心和菜肴的味道、色泽都属上品，一点儿不比别人的差，于是便在门楣上贴了八个大字——“欲知我味，观料便知”。

没想到，这八个大字立刻引发了顾客的好奇心，人们纷纷来餐馆“知其味”。品尝过后，人们发现这里的点心、菜肴果然色佳味美，于是知味观的生意日渐兴隆。

到了20世纪50年代，知味观改名为“东风馆”，

1979年又恢复“知味观”原名。在这里，人们能品尝到杭州传统名点“幸福双”“猫耳朵”“西施舌”。后来，知味观积极改革和创新，又推出了“鸡汁银鳕鱼”“干菜鸭子”“武林熬鸭”“蟹黄鱼丝”“龙凤双会”“辣子羊腿”“蟹黄橄榄鱼”“一品海鲜盅”等精致菜肴。

改革与创新是知味观一直秉持的理念。在社会经济环境变化与大众消费水平快速提高的时期，知味观深知“如果不改变，就要被淘汰”。于是，知味观采取了一系列举措，如扩大经营面积、开设连锁分店等。

1997年，知味观将经营面积扩大到2000平方米，一楼继续经营传统名点及风味小吃，二楼、三楼、四楼则分别经营北京菜、杭帮菜、川菜和粤菜。同时，知味观还推出一系列高档菜肴，以供有需求的消费者选择。

进入21世纪后，知味观又启动了连锁经营，仅三年时间就发展了26家连锁店，其营业收入几乎占了知味观总收入的一半。可以说，进入新时代，知味观不但没有被淘

汰，反而让多种业态齐头并进，向人们展示了它全新的内涵与活力。

历经百年沉淀，知味观积极迎合时代需求，建立了数千平方米的食品工厂，并通过连锁店、互联网和物流等方式，让全国各地的人都品尝到它色香味美的菜品。

七、功德林

功德林创始于1922年，是上海一家著名的老字号，享有“素食鼻祖”的美誉。在功德林，人们可以品尝到黄油素蟹粉、素鸡、素鸭、素火腿等200多种素食。

功德林的素菜以淮扬菜为基础，兼容了民间各类素菜的制作精华，最终结合南北方的口味，确立了自己独特的风格。功德林素菜的特点是选料考究、品种繁多、以当季的时鲜为主。功德林还有一个特色，便是用素仿荤，通过精细选料、精心烹制，让素菜在口感和外形上与荤菜相似。

功德林素菜饭庄的店堂设计及菜肴品种都参照了佛教风格，其店堂环境幽雅，菜肴制作精良，让人们有视觉与味觉上的双重享受，如功德林的招牌菜“金刚火方”，就是将佛教文化与素食文化紧密融合创制而成的素菜。

在佛教中，“金刚”的意思是坚硬、坚强，具有无坚不摧、无坚可催的力量与智慧。而在生活中，我们也常用“金刚不败之身”来形容强健的体魄。功德林将佛理与人情世界相融合，制作出这道翠绿金黄、鲜香味美的“金刚火方”。

“十八罗汉”则是功德林素菜饭庄的又一道经典美食。在佛教中，“大五荤”（牛肉、羊肉、猪肉、狗肉、鱼肉）与“小五荤”（葱、蒜、韭、薤、兴渠）是绝对禁止食用的。所以“十八罗汉”这道净素菜肴使用的原材料是“三菇六耳”。（所谓三菇，指的是香菇、草菇和白蘑菇；所谓六耳，指的是黑木耳、白木耳、云耳、地耳、银耳和石耳。）

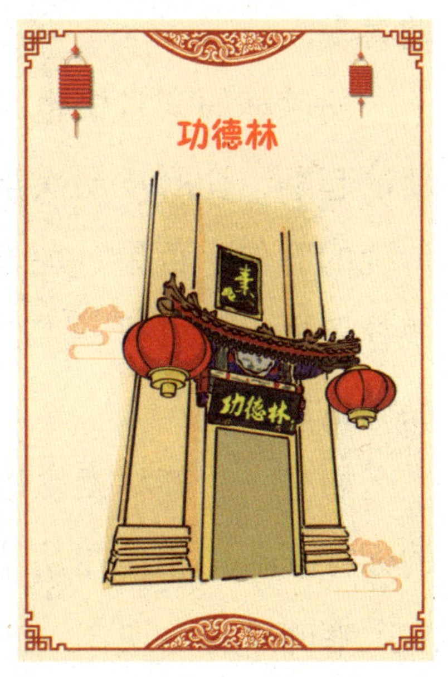

相传，“十八罗汉”这道菜来源于某寺院的和尚。当时，每个外出化缘的和尚都只带回了很少的食材，不够炒制成一盘菜。一个聪明的和尚提出，把众人化得的蔬菜合着炒，然后一起分享。没想到，菜肴出锅后不仅味道极佳，而且色泽很好。众和尚十分欢喜，却不知给这道菜取一个什么样的菜名。这个聪明的和尚见周围正好有十八个人，便说道："不如就叫这道菜'十八罗汉'吧。"后来，"十八罗汉"这道菜传入民间，又被功德林引进餐馆。功德林素食饭庄的师傅们将其重新调整搭配，"十八罗汉"成为营养丰富、补钙强身的经典菜肴，深受消费者的喜爱。

功德林的素月饼也是素食中的一大创新。素月饼采用新法起酥，让酥皮层次均匀，入口香软，不黏牙齿。除了传统的五仁、百果、莲蓉、山楂、豆沙、枣蓉、栗蓉，功德林还推出了可可、杏仁蓉、南瓜蓉等新品，让素月饼的品类更加多样。

如今，功德林素食饭庄这家老字号企业已经成为业内的标杆企业。相信在功德林师傅们的努力下，会有更多品质上乘的菜肴出现在人们面前。

第三章

食品老字号

一、月盛斋

北京的前门大街有许多北京的老字号，月盛斋就是其中之一。月盛斋，全名为“月盛斋马家老铺”，是一家专门经营清真牛羊肉的老字号。

月盛斋由马庆瑞始创于清乾隆四十年（1775 年），距今已有 240 多年的历史了。马庆瑞先前是在礼部当临时工，每当礼部举行祭祀活动时，他就负责看供桌，经常能得到一些赏赐。有一次，马庆瑞分到了一只羊，自己吃了一部分，剩下的就用担子挑到街上去卖。结果羊肉广受欢迎，很快就卖完了。

马庆瑞见卖羊肉可以赚钱，于是便趁在御膳房帮忙之际留心羊肉的做法，后来就做起了卖熟羊肉的生意。一开始，马庆瑞只是在前门外的荷包巷摆摊，后来生意越做越大，他便在前门租门面开了一间羊肉铺子，这间铺子就是如今颇负盛名的月盛斋。

“月盛斋”这一老字号名称中的“月”字取自马庆瑞最初的经营地址——西月墙路南。而之所以取名“月盛斋”，则有“月月兴盛”之意。

月盛斋以售卖精工细作、营养丰富的酱羊肉和烧羊肉为主，其羊肉素有“闻之酱香扑鼻，食之醇香爽口”的美誉。月盛斋自开张后，生意就极为红火。当时，无论是王公贵族还是达官显贵，几乎都是月盛斋的常客。至乾隆末年，月盛斋的羊肉已享誉全京城。《旧京琐记》中就说：“月盛斋者，以售酱羊肉出名，能装匣远赍，经数月而味不变。”

光绪十二年（1886 年），月盛斋的羊肉受到了慈禧太后的青睐。慈禧太后向月盛斋发放进宫腰牌，允许其向皇宫提供羊肉。自此，月盛斋酱羊肉被列为宫廷御用贡品，一时名声更盛。

到了近代，受战乱影响，月盛斋的生意曾一度陷入窘境，直到中华人民共和国成立后，才慢慢好转。1966 年，月盛斋曾易名为“京味香”，直到 1979 年才恢复“月盛斋”这一名称。

月盛斋自创立以来收获了无数的赞誉。民国期间，月盛斋制作的酱羊肉被列为“北平著名食物”名单的首位；2008 年，“月盛斋酱烧牛羊肉制作技艺”被列入国家级非物质文化遗产名录。

如今，月盛斋依然是北京城中颇负盛名的老字号，而其之所以能历经百年而不衰，关键就在于其坚持选用优质食材，坚持传统酱牛羊肉技艺，并不断改革创新，研制了各种适合现代人饮食口味的新品。

二、震远同

震远同是发源于浙江省湖州市的老字号品牌，始创于清朝道光年间，有着百余年的历史。震远同以经营糕点为主，其所产的玫瑰酥糖、椒盐桃片、牛皮糖等茶食一直深受消费者的认可和喜爱。

震远同的奠基人是沈震远。当年，沈震远在湖州菱湖镇开了一家专营茶食的小店，名为“沈震远茶食作坊”。在沈震远的用心经营下，没过几年，他的茶食作坊就已闻名整个湖州。当时沈震远的茶食作坊以玫瑰酥糖、椒盐桃片和牛皮糖最负盛名，被誉为茶食中的“三珍”，深受人们的喜爱。

沈震远茶食作坊是震远同的前身。震远同的创始人是方幼时，他拜沈震远为师学艺，后来继承了沈震远的茶食作坊。为了扩大茶食作坊的经营，方幼时将店址迁至湖州的骆驼桥畔，并更名为“震远同”。方幼时取“震远同”之名主要有两个含义：一是借用恩师之名字，感念沈震远的授业解惑；二是决心继承师业，将茶食作坊发扬光大。其中“同”字可谓别有深意，有着师徒一脉相承和“认同”的含义。

方幼时与恩师沈震远同样有着敏锐的商业头脑，他深知一个店铺要想得到长远的发展，就必须扩大经营范围和规模。因此在1889年，方幼时与茶食技师朱清源合股经营，开创了独具特色的茶食糕点。

此外，方幼时还聘请来自各地不同派系的糕点师傅，精心制作了各式风味食品。特别是以朱清源为首的江苏师傅，他吸收各地美食之长，独创了一套震远同特有的工艺流程，使得震远同的茶食在江浙一带声名鹊起，提高了其在行业中的竞争力。

20世纪30年代，方幼时之子方玉麟继承父业，为震远同申报了“金钟牌”商标。这个商标的名称更是别有深意：表明了方玉麟想要做好震远同的决心，希望自己企业的产品质量能够像金钟一样越敲越响。经过方氏两代人的努力，震远同的社会影响力越来越大。

进入 21 世纪以后，震远同的糕点式样不断推陈出新，在原有传统“三珍”的基础上，相继开发了南枣核桃糕、桂圆核桃糕、莲蓉核桃糕、百合核桃糕、阿胶核桃糕、绿豆糕等茶食新品，深受消费者的喜爱。

2010 年，震远同被商务部认定为中华老字号。它自清朝道光年间诞生以来，已在湖州大地上经历了百余年的风风雨雨，是名副其实的百年老字号。

三、杏花楼

杏花楼是一家闻名中外的广东风味菜馆，创办于清咸丰元年（1851 年），也是我国上海地区流传百年的老字号。近代著名学者章太炎曾为其题词："蜜汁能消公路渴，河鱼为解臣君愁。"

清咸丰元年（1851 年），一个名叫胜仔的广东人在上海的虹口开了一家门面极小的夜宵店，主要售卖一些广东风味的小吃、甜品和粥类，虽然生意尚好，但是没有什么名气。

这家夜宵店最初店名并不叫"杏花楼"，直到 19 世纪 80 年代，才正式更为此名。1883 年，上海的《申报》曾刊登杏花楼更名的消息，其中说道："启者生昌号，向在虹口开设番菜，历经多年，远近驰名。现迁四马路聚丰园对门，改号杏花楼。"自此，才有了"杏花楼"之名。

杏花楼易址后，广东人洪吉如和陈胜芳盘下了店面，并对其进行了扩建。1886年的《申报》中曾提道："四马路杏花楼酒肆茶兼中外烹饪绝佳常盈利市三倍。"由此可见，当时的杏花楼在上海已经小有名气了。

民国初期，军阀混战，官僚盘剥商人，杏花楼受到很大影响，老板准备转手卖店。广东番禺人李金海在杏花楼做厨师多年，他接手了杏花楼，并对其进行了翻新，很快杏花楼就成为经营"中西大菜、喜庆筵席、龙凤礼饼、回礼茶盒"的著名酒楼。李金海见广式月饼在上海很有市场，便聘请月饼名师，试制了广式月饼。月饼一经问世，尤为畅销。

杏花楼的月饼口味多样，其中豆沙、莲蓉、椰蓉、五仁的月饼被誉为"四大金刚"。除此之外，还有玫瑰、火腿、蛋黄等口味。无论甜口还是咸口，杏花楼的广式月饼都能满足人们的口腹之欲。每逢中秋佳节，老上海人最偏爱的就是杏花楼的月饼，走亲访友时，手边总有一盒杏花楼月饼相伴。

20世纪三四十年代是杏花楼老字号发展的黄金时期。当

时，上海市的政要人物都是杏花楼的常客，一些原籍广东的官员特别喜欢杏花楼的粤式菜点，经常在这里宴请宾客。杏花楼的粤式名菜主要有“葱油鸡”“蚝油牛肉”“叉烧肉”“脆皮鸭”“鱼翅”“葱油鲳鱼”“脆皮锅渣”“冬瓜杯”等，引得无数上海名流来此品尝。

杏花楼作为传承了 170 余年的老字号，从最初的一个小门面发展至如今的杏花楼集团，可谓历经风雨洗礼。杏花楼如今之所以依旧走在餐饮行业的前列，就在于其实施了不断推陈出新、精益求精的产品策略。

四、狗不理

包子在人们的日常生活中是一种常见的吃食，它不仅食用方便，而且物美价廉。在天津就有一个将包子做到极致的老字号，即狗不理。狗不理包子制作工艺独特，味道鲜香，吸引了大江南北不少慕名而来的食客。

狗不理始创于清咸丰八年（1858年），它的名字的由来，与其创始人高贵友有关。高贵友的乳名叫狗子，他做的包子味道很好，生意很红火。由于他经常忙得顾不上和顾客说话，所以人们就经常开玩笑说“狗子卖包子，不理人”。时间一长，人们就将高贵友做的包子称为“狗不理”了。

其实，高贵友开的包子店名为“德聚号”，后来由于“狗不理”太过深入人心，原来店铺的字号反而渐渐被人遗忘了。这就是“狗不理”这一老字号名称的由来。

高贵友做的包子口感柔软、鲜香不腻，加之价格便宜，很快就在天津占据了一席之地。

“狗不理”的名号第一次响遍全国，还和慈禧太后有一定的关系。1896 年，袁世凯在天津编练新军时，听说这里的狗不理包子很好吃，就派人去买了几个。袁世凯品尝过后，觉得包子鲜香味美，确实好吃，于是便将其作为贡品，献给了慈禧太后。慈禧太后品尝了狗不理包子，赞叹不已，认为“山中走兽云中雁，陆地牛羊海底鲜，不及狗不理香矣，食之长寿也”。狗不理包子在得到了慈禧太后的首肯后，即刻走红全国，名声大噪。

虽然狗不理包子生意火爆，但是高贵友并没有忘记开店的初衷，依旧秉持货真价实、现包现卖的原则，将包子的品质放在第一位。1916 年，高贵友病逝，其子高金铭继承了狗不理包子铺。高金铭接管店铺后，将总店迁到了天津北大关桥口，并在东大街和法租界分别开设了分号。

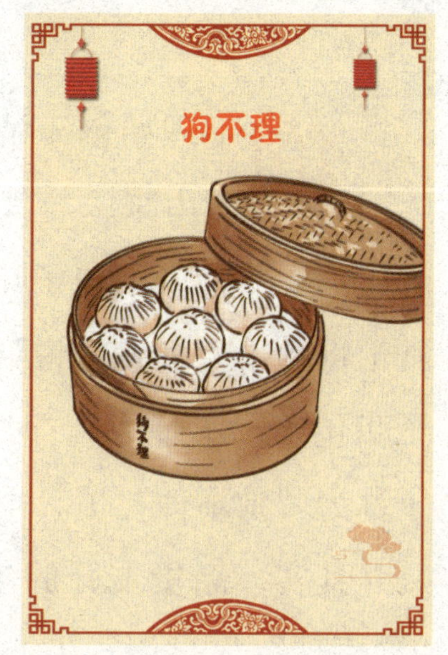

抗战时期，狗不理的发展也陷入停滞。新中国成立后，天津市政府于 1956 年重建

了狗不理包子铺，并找到原先在狗不理工作过的老师傅，狗不理包子这才又回到了大众的视野。由于之前老师傅们的手艺还在，因此狗不理包子再次占领了市场，成为天津的一道招牌美食。

狗不理鼎盛时期，不仅在天津、北京等大城市有众多门店，甚至还把店开到了纽约、新加坡、东京等国家和地区。

每当人们提起天津，就会想起狗不理包子。“狗不理”已经成为天津的文化和美食符号。2011 年 11 月，“狗不理包子传统手工制作技艺”被列入第三批国家级非物质文化遗产目录。

五、五芳斋

粽子是我国具有历史文化积淀的传统美食之一，千百年来，盛行不衰。提及粽子，就不得不提一家以制作粽子为主的老字号——五芳斋。五芳斋创建于浙江嘉兴，素有“江南粽子大王”的称号。

五芳斋始创于1921年。当时，浙江兰溪人张锦泉从家乡来到嘉兴，他秋冬做棉花生意，春夏之际由于棉花生意清淡，便在嘉兴北大街孩儿桥堍设摊卖粽子，将其取名为“荣记五芳斋”。

后来，张锦泉生意越做越大，他召集几位兰溪老乡，在张家弄堂盘下一家铺面卖粽子。几年后，冯昌年、朱庆堂在同一个弄堂中开了两家五芳斋，分别以“合记”“庆记”为店铺字号。

在三家的激烈竞争下，五芳斋的粽子制作技艺日臻成熟，并形成了“糯而不糊，肥而不腻，香糯可口，咸甜适中”的特色。凭借独特的风味，五芳斋很快就名扬江南。1956 年，公私合营改造兴起，三家五芳斋合并成一家，名为“嘉兴五芳斋粽子店”。

提起五芳斋，人们首先想到的一定是粽子。五芳斋是以做粽子发家的，其粽子品质上乘、风味独特，民国以来一直广受人们的好评。浙江嘉兴五芳斋的粽子种类繁多，有大肉粽、蛋黄肉粽、栗子肉粽、火腿肉粽、枣泥细沙粽等。

1992 年，五芳斋粽子店组建了嘉兴五芳斋粽子公司；1993 年，五芳斋入选首批中华老字号；2011 年，“五芳斋粽子制作技艺”被列入国家级非物质文化遗产保护名录。

五芳斋从最初专门从事粽子生产，逐渐演变为以粽子为主导，集月饼、汤圆、糕点、蛋制品及其他米制品为一体的产品群。时至今日，五芳斋已成为浙江嘉兴的一张城市名片。

不过，在行业竞争日益激烈的今天，五芳斋也面临着一些挑战，如如何吸引年青一代对五芳斋的关注。对于这一问题，五芳斋也做了相应的尝试。它不仅开辟了电商销售渠道，还和“拉面说”“乐事薯片”等品牌联手，推出一些新的产品，以寻求新的发展。

六、大白兔

诞生于20世纪50年代末的“大白兔”，承载着几代人的记忆。然而，随着人们消费能力的提高以及食品种类的增加，“大白兔”逐渐淡出了人们的视野。2018年以来，“大白兔”与众多品牌联名推出新品，在发展困局中打了一个漂亮的翻身仗。

“大白兔”问世于1959年，其前身是“ABC米老鼠糖”，由上海商人冯伯镛研制。

1941年，冯伯镛取“ABC”的谐音，在上海建立了爱皮西糖果厂，开始生产奶糖。精明的冯伯镛还利用当时名气很盛的卡通形象“米老鼠”设计了一款包装纸，这款奶糖也因此得名“ABC米老鼠糖”。这款奶糖在上海上市后，就因其可爱的包装、低廉的价格而迅速走红，成为国内最为畅销的奶糖。

中华人民共和国成立后，该糖果厂被收归国有，包装纸上的图案也被换为更加亲民的大白兔。自此，承载着几代人记忆的“大白兔”诞生了。1959 年，大白兔奶糖作为我国国庆十周年的献礼产品正式亮相。

20 世纪六七十年代，奶糖厂受物资和生产技术的制约，产量并不高。因此，大白兔奶糖成了工薪阶层在过年时才能吃上的稀有糖果。改革开放以后，大白兔奶糖逐渐走进千家万户，成为一款受欢迎的大众美食。

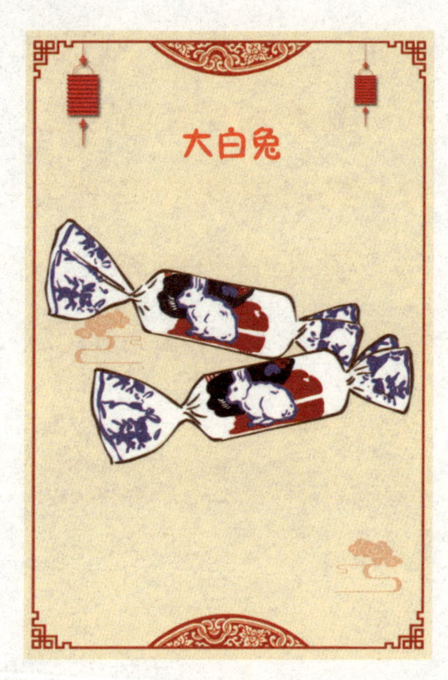

近年来，由于食品种类不断增多，“大白兔”逐渐淡出了人们的视野。为了突破这一困局，“大白兔”果断选择与一些品牌联名“跨界”，推出了润唇膏、沐浴露、护手霜等产品。

2018 年，“大白兔”与我国经典国货“美加净”合作，联名推出了以大白兔作为包装的唇膏。2019 年，“大白兔”又与“气味图书馆”一起推出了具有大白兔奶糖味道的香水、乳液、沐浴露和护手霜。不仅如此，“大白兔”还

“跨界”到了时尚圈，与知名服装品牌“乐町”联手打造了一场时装秀。

在物资匮乏的年代，“大白兔”凭借“七粒奶糖泡出一杯牛奶”的宣传语受到消费者的青睐。如今，面对同行业的激烈竞争，“大白兔”突破老字号发展困局，以别样的姿态，重回大众的视野。

第四章

医药老字号

一、陈李济

陈李济由广东南海人陈体全和李升佐创办，是我国中药行业中现存最早的老字号，距今已有400多年的历史。在400多年的发展过程中，陈李济不断推陈出新，与时俱进，最终成为我国一大“长寿”企业。

关于陈李济的创立有这样一个故事：在广州大南门有一家中草药店，这家店的老板叫李升佐。有一天，李升佐捡到了一包银子，于是就在原地等失主回来取。他一连等了好几天，最后终于等来了失主陈体全。陈体全对李升佐拾金不昧的行为非常钦佩，于是就拿出半包银子投资李升佐的药铺。经过商量，两人决定将药铺改名为“陈李济”，意思就是“陈李两家本钱各出，利益均沾，同心济世”。

陈李济创立于明万历二十八年（1600年），距今已有

400 多年的历史。它不仅历史悠久，内部更是有一句“三老”名言，即“老字号、老地方、老产品”。其中，“老地方”是指陈李济数百年来没有变更过地址，直到 1998 年才从广州北京路 194 号搬迁到了广州大道南 1688 号；“老产品”是指其经典药品一直传承至今，如乌鸡白凤丸、咳喘顺丸等。

优质的产品是陈李济经久不衰的根本保证。除此之外，还因其有着先进的经营方式与产品推广策略。陈李济创办时采取了两个“股东”合作的经营方式，两个股东互相监督、共担风险，这种做法是非常超前的。同时，陈李济还通过“陈皮只送不卖”的方式为药店积累客户。陈皮作为广东的一大“宝贝”，自古就有着非同一般的价值，但陈李济从不售卖上等陈皮，而是将这些珍品送给优质客户，以此建立良好的声誉。

陈李济“同心济世”的理念也是其受到百姓青睐的一个重要因素。陈李济的老铺子位于广州的繁华闹市，每天

都会有很多人从店门前经过，药店便定下规矩，凡是遇到晕倒的路人，店里的伙计都要施救赠药。不仅如此，在炎热的夏天，陈李济还会在街道旁为体力劳动者提供免费的茶水，并且坚持了几百年。后来，陈李济还义务成立了消防队，甚至花重金从英国购置了消防车、消防水枪等。一旦某处发生火灾，陈李济的消防队员就会出动救火。这样的善举深受广州人好评，一时传为羊城佳话。

2008 年，“陈李济中药文化”入选国家级非物质文化遗产目录。时至今日，陈李济在医药研究的道路上仍未停下脚步，它用现代检测的标准检测药品质量，并不断攻克国家科技重点项目，为医药事业的发展做出了贡献。

二、叶开泰

叶开泰中药店位于湖北省武汉市，与同仁堂、胡庆余堂、陈李济并称“中国四大中药房”。叶开泰中药店距今已有近400年的历史，在此期间它一直是汉口中药行业的翘楚，凭借良好的信誉和货真价实的产品为汉口人民所信赖。

明崇祯十年（1637年），一个叫叶文机的人随父亲从安徽来到汉口行医。父亲过世后，叶文机继承父业，在汉口鲍家巷挂出了“叶开泰药室”的招牌，寓意“叶家药铺开业，只图国泰民安”。

叶开泰自开业以来，就秉承“良心从业”的信条，并且一直遵循古法炮制中药，因此受到当地百姓的一致好评。叶开泰传到第三代叶宏良手中时，已经发展壮大了。于是，叶宏良就把家眷接到了汉口。后来，叶宏良的儿子叶松亭通过科举入仕，自此以后，叶家每一代都有入仕做官的人。

叶家当官的人中，最出名且官位最高的是叶名琛。他曾任两广总督，后擢升体仁阁大学士，属正一品。叶开泰虽然有“靠山”，但从不仗势欺人，售卖假药或劣质药。叶开泰的药，从选料到制作都有严格的筛选标准和操作规则，不仅药材正宗，而且制作流程十分规范。因此，叶开泰的药被人们称作灵丹妙药。

叶开泰的自制名药有参桂鹿茸丸、八宝光明散、虎骨追风酒等，其中参桂鹿茸丸是名药之首，由人参、鹿茸、山茱萸、桂圆、地黄等几十味药材配伍而成，具有养血安神解体乏、改善失眠多梦等功效。相传，清代道光皇帝曾失眠，御医使用了无数药方均不见成效。最后，一名湖北籍的太医开方叶开泰的参桂鹿茸丸，道光皇帝服用后，失眠很快便痊愈了。

叶开泰的名药供不应求，配伍药材消耗量很大。汉口有些药材行栈到货了，都要下请帖邀请叶开泰的管事去看货开价。只要是正路货、质量好，本着优质优价的原则，叶开泰的收购价格一般都比行情价要高。行栈也乐意把一些面子货（最好的药材）优先让叶开泰挑选。

在叶开泰的药材炮制中，手工泛丸是较为常见的一种，也是一道传统中药炮制工艺。首先，需要将打碎的中药粉起模。然后，持续不断地转动竹药匾。最后，沾水加粉凝结成小颗粒并最终成丸。

叶开泰始终坚持精选药材、精心炮制的原则，做到货真价实、童叟无欺，深得老百姓的信任。

民国时期，在战火和内部矛盾的冲击下，叶开泰遭到了前所未有的重创，好在叶风池及时出手，保住了祖宗基业。然而好景不长，1938 年，武汉被侵华日军攻陷，叶开泰再次面临存亡的危机，并逐渐走向衰落。1953 年，叶开泰联合其他两家药店，成立健民制药厂。1956 年，叶开泰申请交公，全体员工都由国家统一安排。如今我们所看到的武汉健民集团，其前身就是叶开泰。

三、九芝堂

九芝堂的前身是劳九芝堂药铺。九芝堂历经300余年风雨，在战乱和改革中完成了从衰落到振兴的蜕变，如今已经成为国家重点中药企业。

坡子街是湖南长沙的繁华商业街，在这里有一家名叫九芝堂的药房。其实早在300多年前，这条街上便已经有了药香四溢的“九芝堂”。

清顺治七年（1650年），一个叫劳澄的江苏人来到长沙，他在热闹非凡的坡子街上开了一家小药铺。劳澄是一个很有才华的读书人，他不仅懂医术，而且擅长诗画艺术。后来，他的儿子劳楫取他画作《天香书屋图》里的“桂生九芝”，将药铺取名为“劳九芝堂”。

劳九芝堂除了卖药，还兼营制药。在很早的时候，劳九芝堂就制定了十分严格的制药规则，从进货开始就严格把关，比如肉桂必须用越南产的上等肉桂；黄芪必须是库伦（今蒙古国乌兰巴托）的；厚朴、天麻则必须是四川的。之后的制作环节也十分考究，熬胶制丸颇有将药品制作成艺术品的风采。劳九芝堂坚守货真守信的商业信条，许多用名贵药材制作的药品在清朝时期就享有盛名。

民国初期，时局动荡，劳九芝堂也受到一定的影响。面对经营“瓶颈”，劳家人推举劳昆僧出任经理。上任之后，劳昆僧自掏腰包充实店里的流动资金，整顿店里的业务，最终使劳九芝堂焕发生机，并在 20 世纪 30 年代成为国内有名的药业大户。不幸的是，1938 年 11 月“文夕大火”将长沙古城烧得面目全非，劳九芝堂的门店也被全部烧毁，药店再次濒临倒闭。

1956 年，劳九芝堂药铺以公私合营的方式合并了多家药店，成立了九芝堂加工厂并启用“芝”牌商标。在全新的发展阶段，九芝堂将传统制作工艺和现代高新技术相结合，在中医药领域进一步开拓创新。今天，九芝堂不仅开遍湖南省，在全国其他各省也都开设有分店，其产品更是远销日本、东南亚等国家和

地区。

和同仁堂一样，九芝堂也有自己的“王牌”产品，比如驴胶补血颗粒、六味地黄丸、银翘解毒丸、玉泉丸、逍遥丸等，其中玉泉丸的处方来源于“三朝名方”（宋代《仁斋直指》、明代《古今医鉴》、清代《叶天士手集秘方》），是值得信赖的糖尿病药品。

2008 年，“九芝堂传统中药文化”被列入国家级非物质文化遗产保护名录，这个从风雨飘摇的历史中一路走来的百年老字号将在新的时代开启新的征程。

四、同仁堂

300多年来，同仁堂恪守着“修合无人见，存心有天知”的药德信念，始终坚守“炮制虽繁必不敢省人工，品味虽贵必不敢减物力”的传统。如今，它已成为享誉海内外的“中国驰名商标”。

清康熙八年（1669年），太医院吏目乐显扬在北京创办了同仁堂药铺。由于乐显扬在太医院任职，所以同仁堂药铺采用的药方有一部分来自宫廷。

1702年，乐显扬的儿子乐凤鸣继承了父亲的事业，潜心研究丸、散、膏、丹等药剂配方，并将之前的制药经验进行归纳总结，编写了《乐氏世代祖传丸散膏丹下料配方》。说到同仁堂的药方，就不得不提同仁堂的“十大王牌药”：安宫牛黄丸、紫雪散、国公酒、同仁乌鸡白凤丸、同仁牛黄清心丸、同仁大活络丸、愈风宁心片、再造丸、局方至宝丸、壮骨药酒。这些“王牌药”中，有好几种在今天仍然很常见。这些药品有着悠久的历史，宋代的《太平惠民和剂局方》、明代的《摄生众妙方》、清代的《温病条辨》等医学著作都有记载。

1723 年，同仁堂药铺开始为清宫御药房供奉需用的药材。因为要为皇宫供药，所以同仁堂制定了严格的规章制度：药材的选用必须地道、加工时不得偷工减料、原料不能以次充好。其实，早在《乐氏世代祖传丸散膏丹下料配方》的序章中，乐凤鸣就明确提出了“炮制虽繁必不敢省人工，品味虽贵必不敢减物力”的训条，要求每一位同仁堂员工在制药时即使没有人监管，也不要做昧良心的事情。

1954 年，同仁堂率先实行了公私合营。2006 年，“同仁堂中医药文化”被列入第一批国家级非物质文化遗产名录，这是对同仁堂医药贡献及其社会知名度的高度认可。

如今，同仁堂在集团框架下已经发展出制药业、零售业、医疗服务三大板块，门店有 800 余家，覆盖了 15 个国家和地区。

同仁堂作为我国的中医药老字号，其医药制品在数百年的临床应用和数代医药学家的不断改进下，保持了良好的疗效。不论是药品的生产研发，还是经营销售，都已经走上了国际化道路。

五、胡庆余堂

“北有同仁堂，南有庆余堂”，胡庆余堂是清朝末期的“官商”胡雪岩所创的药号，以古建筑为基础创建而成。胡庆余堂古建筑群集商业性与观赏性于一体，极具人文价值，是国内保存最完好的晚清工商型古建筑群。

清同治十三年（1874年），胡雪岩开始在杭州筹备设立胡庆余堂药号。四年后，胡庆余堂落成并正式营业。

胡庆余堂自开业以来便承袭南宋官方制定的《太平惠民和剂局方》制药技艺和行业规范，不仅推出了14个大类的成品药，还向老百姓赠送辟瘟丹、痧药等家庭必备药。在胡庆余堂店内，还有一条由胡雪岩亲自书写的店训——戒欺，时刻提醒店内伙计。

1880年，胡庆余堂的资金已经达到了220万两白银。

可惜三年后，胡雪岩在其他经营上出现问题，导致破产，多数产业被迫贱卖抵押，胡庆余堂也被抵押给文煜。在之后的几十年时间里，胡庆余堂的主人多次变更。1949年，中华人民共和国成立，胡庆余堂被收归国有，改造为国有企业。1989年，胡庆余堂建筑群的制药工厂被改造成中药博物馆，这是我国首家中药博物馆。如今的胡庆余堂中药博物馆被分为了陈列展厅、中药手工作坊厅、养生保健门诊、营业厅和药膳餐厅五部分，参观者不但能在这里观赏胡庆余堂的珍贵制药文物，而且能亲身体验古代的制药工艺，甚至能享受中医名家的医药保健服务。

胡庆余堂至今仍保留着一批民间古方、秘方，并掌握相关药材的炮制技艺，这无疑是我国传统中医药制造技术中的宝贵财富。不过胡庆余堂的价值并不单单体现在这些方面，其作为具有观赏性的古建筑群，还具有极大的艺术价值。胡庆余堂由众名匠历时四年建造而成，大到宛如仙鹤的恢宏形制，小到精美绝伦的

细致雕刻，处处都体现出这一工商型古建筑的独特风貌。

由于现代新型技术的快速发展，传统制造工艺的存在空间正逐渐被压缩。同时，受生长环境和采摘时机等因素的影响，选取优质药材也成了一件难事。面对困难，胡庆余堂人依然坚守初心，用心选药、精心制药。2006 年，“胡庆余堂中药文化”入选首批国家级非物质文化遗产名录，药号也被商务部认定为首批中华老字号。

六、云南白药

云南白药原名“曲焕章百宝丹”“曲焕章万应百宝丹”，是云南民间医生曲焕章研制的中药制剂。它具有止血、活血化瘀、抗炎消肿、使创口愈合等功效，有“中华瑰宝，伤科圣药”的美誉。

说到云南特产，我们耳熟能详的有普洱茶、鲜花饼、宣威火腿等。云南的特产并非只有茶叶、美食，还有地理标志产品云南白药。

清朝末年，老百姓常常遭受伤病的困扰。为了帮助贫苦百姓，云南一个叫曲焕章的医生寻遍民间中草药，经过十年的苦心钻研，终于在光绪二十八年（1902 年）成功研制出“百宝丹”。十余年后，曲焕章向云南省政府警察厅卫生所提供了“百宝丹”的药方。经过检验，卫生所向曲焕章颁发了允许公开出售的证书，自此“百宝丹”得以公开售卖。

最开始，曲焕章配制出来的“百宝丹”是一种白色粉末，为了方便销售，他便将纸包装改成了瓷瓶包装。由于当时云南的政局十分混乱，人们对伤科药的需求进一步增大，曲焕章便对自己的白药配方进行了改良，衍生出普通百宝丹、重升百宝丹、三升百宝丹和保险子，即“一药化三丹一子”。其中，保险子在每一盒（瓶）云南白药中都有一颗，因其药效比较猛烈，所以适用于重症外伤或者有出血的内伤。

1955 年，曲焕章的妻子将“百宝丹”秘方献给了云南省政府。随后，昆明制药厂将“百宝丹”更名为“云南白药”，并依据秘方开始了批量生产。如今，云南白药仍是我国较为神秘的中成药之一，它的配方和制作工艺皆为国家医药管理局的国家机密。可以说，这层神秘面纱为云南白药增添了不少魅力和传奇色彩，民间流传着许多关于它的奇闻逸事。

“百宝丹”自问世之初到现在，已经有了 100 多年的历史，其治疗伤科疾病的独特功效使它在海内外有着广泛的市场，尤其是在东南亚地区。

第五章

服饰老字号

一、马聚源

与内联升一样，马聚源的名号在北京城也是响当当的。不同的是内联升专注于“脚下功夫”，马聚源则注重“头上花样”。作为京城“帽业之首”，马聚源的帽子不仅种类多，用料也极为讲究。

“马聚源”，既是这家老字号帽店的名称，也是这家帽店创始人的名字。14 岁时，马聚源初到京城，在一家成衣铺做学徒。然而干了不到一年，成衣铺便倒闭了，马聚源只得前往帽子店做学徒。

帽子店的掌柜为人和气、手艺极好，内掌柜却是一个刁钻的人，对待徒弟十分苛刻，因此马聚源在帽子作坊受了不少气。但他并没有打退堂鼓，而是认真学习了各种帽子的制作工艺，并掌握了管理作坊的方法。

学徒生涯结束后，马聚源便开始自己制作帽子，然后到旅店去向客人推销。攒了一些钱后，马聚源开始在前门大街的鲜鱼口摆帽子摊。经过长时间的积累，马聚源在清嘉庆二十二年（1817年）盘下了一家店面，在简单装修后，马聚源帽店就正式开业了。

开业后，马聚源帽店的商品因用料讲究、做工精细、品种齐全、花色众多，在京城名声大噪，很多官宦权贵都来店里购买、定制帽子。但马聚源真正成名，则与一位张姓官员有关。有一次，一位姓张的官员到马聚源帽店定制官帽，发现帽子的质量非常好，于是就请马聚源为清廷制作缨帽。从这以后，马聚源就从一个普通的小帽店变成了专门为清廷服务的“官帽店”了。

咸丰八年（1858年），马聚源因病去世。他临终前，考虑到家中无人接管店铺，就将店卖给了那位张姓官员。张姓官员接手后将店面扩大，留下原有的伙计，沿用马聚源帽店原有的店名。

清朝末年，马聚源成了北京帽业的龙头，当时人人都以能戴一顶马聚源的帽子为荣。当时北京城中还流传着一则顺口溜："头戴马聚源，脚踩内联升，身穿八大祥，腰缠四大恒。"从中足以见得马聚源在人们心中的地位。

马聚源一直专注于帽子市场，秉持"认认真真做好帽"的原则。无论是清代官员所戴的红缨帽，还是后来风靡的"四块瓦"御寒帽和皮礼帽，抑或是如今现代舞者头戴的舞蹈帽，马聚源在不同时期都有自己的畅销产品。马聚源之所以能长久发展，归根结底还在于其超高的质量和精细的工艺。

二、谦祥益

谦祥益始建于清道光二十年（1840 年），这家百年老字号是“八大祥”中建筑体量最大、经营特色最突出的一家。谦祥益在劫难和复苏中一路走来，如今仍是我国规模最大、经营种类最全的丝绸专营店。

谦祥益的创始人孟兴泰是孟子的后代。据传，孟家自康熙年间起便一边参加科举，一边大力经商。最初，孟家在山东旧军镇开设了一家鸿记布庄，向周边的村镇和济南等地售卖一种叫“寨子布”的土布。由于孟兴泰接手这项买卖时其已经有了较大的规模，他便在北京和济南设立了祥字号布店。

清朝嘉庆年间，孟兴泰的后人在“山东第一村”——周村开设了恒祥染坊，后来又将名称改为了“谦祥益”。因为经营得当，谦祥益的生意一日比一日红火。在积累了足够的资金后，谦祥益于道光年间在北京前门外的东月墙开设了分号。

北京谦祥益的生意极为红火，孟家先后在北京前门外鲜鱼口开设了谦祥益南号、珠宝市设立了益和祥，还在钟鼓楼建了谦祥益北号。

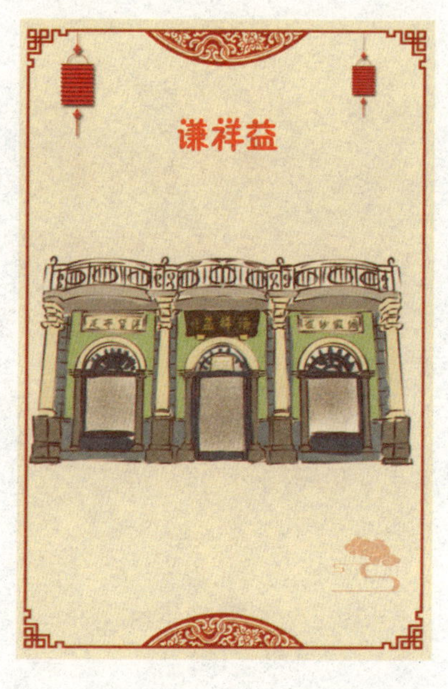

清末民初是谦祥益发展的鼎盛时期，其在天津、上海、苏州、汉口、青岛等地均开设了分店，形成了较为成熟的谦祥益体系。清末，谦祥益绸布店服务的对象大多是王公贵族或八旗子弟。民国时期，则逐渐变为政府要员、社会名流和富庶商贾等。规模的扩大和为名人制作服饰，使谦祥益的品牌影响力进一步提升。

可随着时代的变化，谦祥益的经营发展也受到了严重的阻碍和破坏。“七七事变”后，北京谦祥益的经营已经十分惨淡。解放战争时期，由于国民党政府滥发货币导致通货膨胀，谦祥益的经营几近走向末路。

中华人民共和国成立后，谦祥益的经营重新焕发生机。如今，谦祥益以丝绸和丝绸制品为主要特色，产品种类丰富，不仅质量好，而且服务一流。他们秉承着“货真价实，童叟无欺”的原则，坚持为消费者带去最好的购物体验。

三、内联升

内联升的“内”指的是大内宫廷，“联升”的意思是穿上内联升的朝靴后，可保官运亨通，连升三级。现如今，内联升已褪去宫廷色彩，成了一家生产高品质手工布鞋的老字号。

清咸丰三年（1853 年），天津武清人赵廷早期在京城一家鞋作坊当学徒，在他人资助下，于京城创办了内联升靴鞋店。赵廷心创办这家靴鞋店并不是心血来潮，而是经过反复观察研究和长时间实践后做出的决定。当时，京城制鞋业虽然发达，却鲜有专业制作朝靴的店铺。赵廷发现这一点后，利用自己的人脉，积累了丰富的客户资源，开始为皇亲国戚、文武百官制作朝靴。

建立之初，内联升十分注重客户体验，每次有文武百官前来做鞋，内联升都会将他们的靴鞋尺寸、式样记录在册。下次若客户再想做鞋，只要派人告知，内联升便会按照资料所记把鞋做好，然后第一时间送到客户的府邸。

清王朝灭亡后，内联升开始经营礼服呢鞋和缎子面鞋，这些鞋品虽然深受文艺界、知识界人士喜爱，但由于内联升的服务对象依然是社会上层人士，所以并没有在社会上引起太大反响。

中华人民共和国成立后，内联升的经营理念和经营方向发生了较大改变，其鞋品也增加了女鞋、解放鞋等多种品类。开始走平民化路线的内联升，以其高超的制鞋水平，受到了广泛的关注。内联升千层底布鞋也成为北京名牌产品，被销往全国各地。

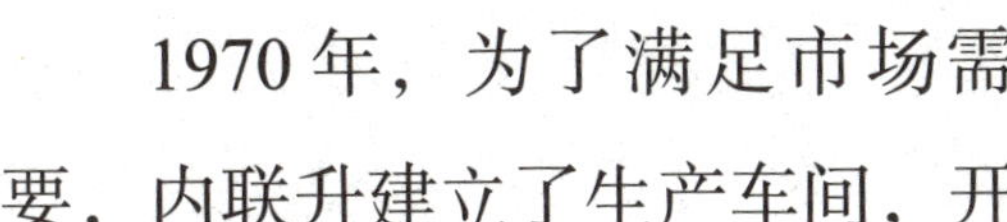

1970 年，为了满足市场需要，内联升建立了生产车间，开始大规模生产布鞋。1976 年，内联升进一步扩大经营范围，开始生产和经营皮鞋。

21 世纪以来，内联升变更为有限责任公司，进入了新的发展时期。这一时期，内联升依然秉承“以诚待人，童叟无欺”的经营理念，在创造经济价值的同时，也增添了品牌的文化价值。

2008年，内联升在大栅栏商业街开设了非物质文化遗产展厅，并免费对公众开放，来到这里的游客既可以了解内联升的发展历史，又可以亲身体验千层底布鞋制作技艺。这一创新举措为内联升吸引了不少顾客，也让内联升的名声越来越响亮。

21世纪的第二个十年，内联升继续推进品牌化战略。这一次，内联升将目光聚焦于年轻人身上，以咖啡、茶饮为载体，与年轻消费者对话，让他们体验到老字号的新变化。在跨界做咖啡的同时，内联升还与“大鱼海棠”“王者荣耀”等深受年轻人喜爱的娱乐IP合作，推出多款联名鞋品，进一步吸引了年轻消费者的关注。

作为中华老字号，内联升并没有固守旧有的经营理念，而是与时俱进、大胆创新，积极融入新时代、贴近消费者。这既是当前企业经营发展的必然选择，也是老字号品牌传承发展的必经之路。

瑞蚨祥是我国高级定制品牌中的领导者，有着“中国丝绸第一品牌”之称，位列北京“八大祥”之首。瑞蚨祥自清同治元年（1862 年）开业至今，经历了兴衰浮沉。

过去，北京前门和大栅栏一带有 8 家带“祥”字的绸布店，分别为瑞蚨祥、祥义号、瑞生祥、瑞增祥、瑞林祥、益和祥、广盛祥和谦祥益。这 8 家店铺被称为“八大祥”，它们都是山东济南孟家人经营的产业。

瑞蚨祥，字号为“万蚨祥”，其创始人孟鸿升以经营土布和批发生意发家。随着生意的规模日益扩大，万蚨祥开始售卖一些高档布品。1862 年，孟鸿升用前期积累下的资金在济南院西大街开设了瑞蚨祥绸缎店。

孟鸿升去世后，他的儿子孟洛川全面接管了瑞蚨祥。清光绪十九年（1893 年），孟洛川将目光投向了北京前门的大栅栏，出资 8 万两白银在那里买下铺面，开设了瑞蚨祥绸布店。大栅栏是当时北京最繁华的商业区，这让瑞蚨祥及其连锁商号的名号盛极一时。民国初年，瑞蚨祥一度成为北京最大的绸布店。

孟洛川还在北京开设了东鸿记茶庄、鸿记新衣庄、西鸿记茶庄和西鸿记绸布店。可见，瑞蚨祥的成功离不开孟洛川独特的经营思维和超前的商业理念，他的经营模式在整个中国商业文化史中都算得上是杰出的。

1900 年，八国联军攻占北京，瑞蚨祥和许多老字号店铺都被烧毁。不过很快，瑞蚨祥就找回了失散的员工，在废墟上摆地摊，重整旗鼓，再次开业。在之后的发展中，瑞蚨祥在保持货品纯正的同时，不断开发新的花色纹样，也始终坚持“至诚至上，货真价实，言不二价，童叟无欺”的销售原则。

1954 年，瑞蚨祥响应国家号召，成为北京市第一批公私合营改造企业。

如今，瑞蚨祥依旧秉承着良好的服务宗旨，经营绸缎、呢绒、棉布等多种材质的服饰，并在研制中国传统服饰方面不断进行探索。瑞蚨祥服饰在每一针、每一线上都极力追求更精美的呈现效果，因此深受海内外消费者的喜爱。

五、盛锡福

盛锡福是帽业著名的老字号，由刘锡三与合伙人于1911年在天津创办。盛锡福因帽子用料讲究、做工精良而闻名于海内外，曾多次为国家领导人及外国政要制作帽子。

盛锡福的创始人刘锡三出身于山东莱州的一个农民家庭，他小时候读过书，因为家里太过贫困而中途辍学。后来，刘锡三的家乡遭了灾，他无法再以务农维持生计，只好像其他乡亲一样外出谋生。

刘锡三先是在青岛一家外国人开的饭店里打杂，后来又到一家洋行做业务员，负责下乡收购草帽。他和其他人不一样。别人挣了钱都想回家置办田产，他却将辛苦攒下的钱用来做生意，而且还总想着把生意做大。由于刘锡三在洋行跑过业务，所以他十分清楚草帽的制作流程和品质好坏。经过一番考量，刘锡三便联合友人在天津估衣街开了一家卖帽子的小店。由于帽子店开业于民国初年，此时人们剪掉长辫、摘下瓜皮帽，亟待新式衣帽的替换，刘锡三的帽子店可以说是应运而生，生意十分红火。

不久，刘锡三与合伙人产生了矛盾，于是就此分开。但这并没有打消刘锡三要把生意做大做强的想法，他从东南银行贷了一笔款，然后在天津租界选了店址重新开张，并给帽店取名“盛锡福”。天津租界是当时天津最繁华的地方，刘锡三选择把店开在这里，可见他是想把盛锡福做成名牌。

想要自己的店有好的口碑，就要将帽子的质量放在第一位。刘锡三很快认识到这个问题，于是花重金从国外购入全套的制作帽子的设备，并且花大价钱聘请专业的技术人员。盛锡福的帽子从样式的设计到质量的检测，每一个环节都经过严格的把关。为了防止别人仿冒产品，刘锡三还向当时的政府申请注册了“三帽”商标。

不仅如此，刘锡三还将目光瞄准了国际市场，派他的

徒弟前往日本，学习先进的制帽技术。很快，盛锡福就增加了皮帽、便帽、缎帽等多个专业工厂。20 世纪二三十年代，盛锡福已在全国多个大城市设立 20 多家分店，美、英、意、法等多个国家均有代销处。

盛锡福发展至今，仍能在帽饰领域占据重要地位，都是因为其秉持先进的经营理念。如今，盛锡福的帽子种类早已超过数百种，但每一顶帽子都要经过讲究的传统制法和严谨的质量筛选后才能送到消费者手中，这也正是盛锡福“帽文化”的成功之处。

六、恒源祥

提起恒源祥，很多人都会想起“恒源祥，羊羊羊”这句广告词。其实，恒源祥的发展故事并不是这一句广告词就能概括的，作为一家老字号品牌，其有着深厚的文化积淀。

恒源祥创立于1927年，最早以生产绒线为主业。“恒源祥”这一名称，取自“恒罗百货，源发千祥”的对联，蕴含着恒古长青、源远流长、吉祥如意的意思。

虽然品牌名称中蕴含着美好的寓意，但是恒源祥的发展并不是一帆风顺的。在近百年的发展历程中，恒源祥遇到了许多困难、挑战，但每一次恒源祥都能以创新应对挑战，并获得新的发展。

1935年，洋货垄断市场令恒源祥发展受阻。为了寻求突破，恒源祥创始人沈莱舟集资创办了裕民毛绒线厂，开始生产“小囡”牌、“双洋”牌绒线。这些质优价廉的产品在市场上极为畅销，深受群众喜爱。裕民毛绒线厂的成功，为恒源祥拓展了业务、积聚了资本。到1949年时，恒源祥已经成为上海的知名企业，沈莱舟成了有名的“绒线大王”。

1956年，恒源祥转型为国有企业。后来，恒源祥的产权关系发生变化，业务大幅收缩，从一家涉足毛纺、织布、染整的企业，成为一家专营毛线的商店。

1987年，刘瑞旗出任恒源祥绒线商店总经理，甫一上任，他便将“恒源祥”注册为商标，恒源祥自此走上了品牌发展之路。1991年，恒源祥开始与工厂合作，其生产的恒源祥品牌手编毛线很快在市场上打开了局面。1996年，恒源祥已经发展成为世界上最大的手编毛线产销企业。

进入21世纪，仅靠手编毛线创造的利润已经无法满足恒源祥品牌发展的需要，因此恒源祥开始向家纺、服饰、针织、日化等领域拓展。经过多年发展，恒源祥在诸多领域取得突破，集团的产业框架也逐渐形成。

2005 年，在品牌经营策略大获成功后，恒源祥开始推进文化战略转型。这一年，恒源祥成为北京奥运会的赞助商，并为中国代表团制作出场服和开幕式礼服。恒源祥在将品牌推向世界时，也在不断提升自身的品牌价值，如做公益、拍纪录片、赞助作文竞赛、申报国家课题……恒源祥将自己的品牌价值延伸到诸多领域，在造福社会的同时，也在不断为品牌增添新的文化价值。

21 世纪第二个十年，为了应对互联网所引发的消费需求变化，恒源祥又开启了多元化发展道路，通过与互联网平台相结合，为品牌发展创造出更多可能。除了立足本土，恒源祥还远赴海外走访、洽谈，将英国的经典优雅与意大利的创新时尚风格融入恒源祥的服饰，为消费者呈现了一系列新产品。

第六章

百货老字号

一、张小泉

张小泉是拥有300余年历史的中华老字号，其产品包括各类刀具、剪具等。张小泉剪刀用料精良、做工细致，其锋利、耐用，受到海内外用户的广泛赞誉。

张小泉是安徽黟县人，从小就跟着父亲学打铁。他聪明好学，很快就掌握了打铁手艺，并且比他父亲的技艺更加精湛。张小泉很有本事，后因救人得罪了当地财主富绅。最后，他迫于无奈，带着家人来到了杭州，并在大井巷继续从事祖传的铁匠工作。

由于张小泉手艺过硬，他打造的铁器十分好用，很快就在当地有了名气。相传有一天，张小泉打铁铺附近的一口大井里突然散发出一阵恶臭，有老人说这是因为有两条乌蛇钻到了井里下蛋。当时，其他人都不敢下到井里去捉蛇，只有张小泉自告奋勇地站了出来。他淋了雄黄酒，提着自己打铁的大锤下到了井底，果真看见两条乌蛇正交缠在一起。张小泉举起铁锤就朝乌蛇的“七寸”砸去，两条蛇就这样被砸死了。

张小泉把乌蛇的尸体带回了家，经过一番观察，他根据这两条蛇死后缠绕的样子打起了铁：他将“蛇”的一头扭成圈，做成把手，把另一头磨得锋利，最后用钉子把两蛇相交的地方固定起来，张小泉剪刀便诞生了。

张小泉剪刀锋利、耐用，一经问世，就被街坊邻居们抢购一空。后来，张小泉剪刀不仅在乾隆年间被列为贡品，还在1915年的巴拿马万国博览会上获得了二等奖。

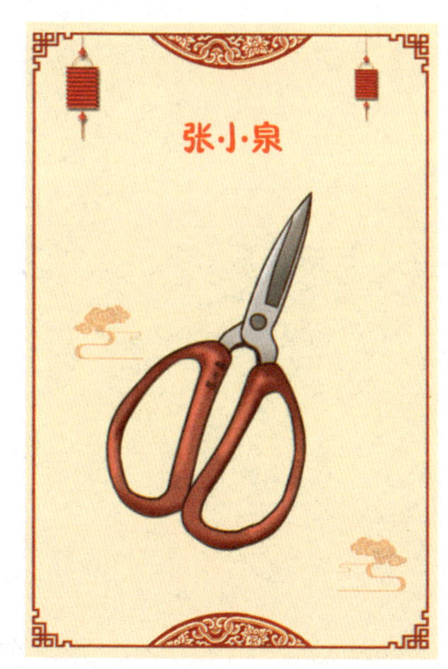

张小泉在世时，他的剪刀就已经名扬浙江，成为当地的特产。他去世后，他的儿子和徒弟沿用“张小泉”这一金字招牌各自开店，于是“张小泉剪刀”店铺越来越多，不知谁才是“正统”。张小泉的儿子张近高为了保护父亲留下的“遗产”，就在“张小泉”这一名称下加了“近记”两个字，以此作为“正统”的代表。

不过，张小泉的发展并非一帆风顺。中华人民共和国成立前，张小泉曾一度面临倒闭的风险。1956 年，张小泉在政府的支持下得以继续发展。这一年，张小泉正式实行公私合营，并成立了张小泉近记剪刀总厂。

在此后的 50 多年里，张小泉近记剪刀厂在保证产品精良品质的基础上不断提高产量和服务质量，赢得了消费者的青睐。

二、王麻子

“南有张小泉，中有曹正兴，北有王麻子”，这句话道出了我国刀剪业的三大“状元”。“王麻子”作为中华老字号的刀剪品牌，至今已有300多年的历史。王麻子剪刀因表面乌黑油亮而被称为“黑老虎”，深受消费者喜爱。

王麻子的创始人是一位姓王的商人，但说起王麻子刀剪的打造，却不得不提这位商人的妻子田青。田青是一个老铁匠的女儿，她自幼聪明伶俐，在父亲的教导下学会了打铁的手艺绝活。

清顺治五年（1648年），老铁匠因为染上瘟疫，离开了人世，田青就和两位师兄一起来到京城谋生。因为三人都有打铁的手艺，就在京城开了一间“山东铁匠铺”。几年后，田青嫁给了一个姓王的山西商人。

这个商人其貌不扬，脸上长满了麻子，不过他为人厚道，非常有经商头脑。婚后，夫妻俩决定经营一间杂货铺，于是就在京城的菜市口开了一间铺子，专门售卖刀剪之类的杂物。王姓商人从妻子那里学到了打造刀剪的手艺，他在后屋制作刀剪，妻子在前厅门市售卖，店铺生意相当红火。因为商品常常供不应求，所以他们也会从其他地方采购刀剪。不过，他们的收购标准十分严苛，选货时要遵守“三看两试”的原则，即看外观、看刃口、看剪轴，试剪刃、试手感。这 5 个环节缺一不可，只要有一项不符合标准，就不能被放到货架上售卖。夫妻俩这种认真负责的态度保证了杂货铺商品的质量，所以大家都喜欢来这里买东西。当时，大家只知道杂货铺老板姓王，于是就根据他的外貌特征，称他为“王麻子”。

清嘉庆二十一年（1816 年），王麻子的后人在店铺门口挂出了“三代王麻子”的招牌，还在每一把刀剪上刻了“王麻子”三个字作为标志。此外，王麻子刀剪的售卖地点扩展到了庙会、街巷中，又增加了售后服务，承诺一年内若刀剪有损坏可以进行退换。就这样，王麻子刀剪的口碑

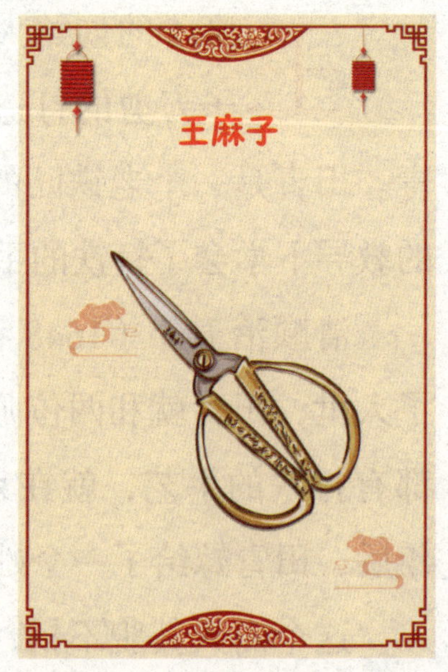

越来越好。

1937 年“七七事变”爆发，北平被日军占领，所有金属行业和工商业都遭到了限制，这对王麻子店铺产生了巨大的影响。1956 年，北京 68 家刀剪铺联合，统一使用“王麻子”商标，统一生产、统一管理、统一销售。1959 年，王麻子剪刀厂成立。2008 年，“王麻子剪刀锻制技艺”被列入第二批国家级非物质文化遗产名录，这无疑是对这项传承 300 余年的锻制技艺的肯定。

三、荣宝斋

荣宝斋被誉为“民间故宫”，其前身为松竹斋南纸店，距今已有300多年的历史。荣宝斋广泛收藏古代及近现代名家珍品，其木版水印技术更是让大量古画精品得以复制问世。在多年的发展中，荣宝斋始终肩负着发扬民族传统文化的重任，是当之无愧的“文化功臣”。

清康熙十一年（1672年），一位张姓浙江人用做官时攒下的俸银，在京城开了一家名叫“松竹斋”的南纸店。所谓南纸店，就是售卖南方生产的纸张、文房用具及字画的店。松竹斋除了卖这些，还帮助客人订购书画家、篆刻家的作品，并从中抽取佣金。

很快，松竹斋便因纸张品种全、质量好、价格公道、服务周到，赢得了信誉。除了售卖宣纸，它还出售棉纸、皮纸、毛边纸、粉连纸及各种纸制品，如信笺、稿纸、扇面、宣册、喜庆屏联等。顾客在这里买了纸，需要裁成什么尺寸，伙计立刻代裁。顾客拿着扇面来，店家免费为其装裱。

清光绪年间，松竹斋由张次山经营，由于管理不善，松竹斋开始衰落。于是，张次山便把店面甩手给自己的几个儿子。可他的儿子对字画文玩了解甚少，更是将店铺经营得一塌糊涂，松竹斋的生意日渐惨淡。张家人不甘心店铺就这样破产，于是便聘请了当时广交京师名士的庄虎臣为经理，希望他能挽救这家百年老店。清光绪二十年（1894 年），松竹斋正式改名为“荣宝斋”，意为“以文会友，荣名为宝”，还请当时著名的大书法家陆润庠写了匾额，荣宝斋至此重获生机。

1950 年，荣宝斋改为公私合营，为国内各地的商业及文化活动提供了物质和精神的支持。近年来，荣宝斋多次举办国际文化艺术展览活动，其展品在国际上获得了一致好评，为中国传统文化的输出开启了一条广阔的道路。

荣宝斋最值得提及的是它的

木版水印技艺和古代字画装裱修复技艺。这两项技艺均被列入了国家级非物质文化遗产名录。木版水印是我国特有的一项古老的手工印刷技术，使用这种方法印刷出来的中国画可以达到以假乱真的程度。据说，当年齐白石先生本人都无法分辨出自己的作品哪一幅是亲手绘制，哪一幅是荣宝斋印刷的。荣宝斋用木版水印的方法复制过很多名家作品，其中就有后世公认的木版水印巅峰之作《韩熙载夜宴图》。

此外，荣宝斋工匠具有精湛的装裱技术和古代字画修复技术，为我国的传统艺术文化做出了卓越贡献。工匠们先后修复了许多具有艺术价值的书画作品，在抢救修复损毁严重的经典书画方面创造了许多奇迹。

荣宝斋作为著名的中华老字号，300 多年来一直在为传承优秀的中国传统文化做贡献。如今，荣宝斋除了经营书画古玩、木版水印，还发展出了拍卖、出版等多项业务，在时代发展的洪流中不断以新的方式弘扬着中国的传统艺术之美。

四、老凤祥

老凤祥是我国著名的珠宝首饰品牌，也是一个百年民族品牌。始创于1848年的老凤祥，至今已走过了170多个春秋。

上海是我国早期银楼业的发祥地，有很多银楼都曾在这片土地上落户，比较出名的有老凤祥、杨庆和、裘天宝、方九霞、宝成、庆云、景福、费文元、庆福星。它们也是清末民初时期上海的九大银楼。历经百余年的岁月变迁，九大银楼有的关门歇业，有的改行，唯有老凤祥传承至今。

老凤祥银楼始创于清道光二十八年（1848年），最初名为“凤祥银楼”，店址位于上海南市大东门，也就是今天上海的方浜中路。清光绪十二年（1886年），凤祥银楼更号为“怡记”，店址迁至南京路平望街。此后，银楼又几次易址更号。清光绪三十四年（1908年），银楼改号

“庆记”，再次迁至南京东路。

老凤祥的创始人是慈溪人费汝明。他 70 岁时，把银楼交给儿子费祖寿经营。费祖寿 13 岁时在上海老西门一家银楼当学徒，因虚心好学，迅速成长，26 岁便当上了副经理。1919 年，费祖寿从父亲费汝明手上接过老凤祥银楼，他聘用能工巧匠，制作的饰品花式品种繁多，加工精致细巧。凡客人有需求，都尽全力满足，因而深受顾客欢迎。在费祖寿的领导下，老凤祥创造了库存黄金数万两、日销售黄金千两的骄人业绩。

20 世纪 30 年代，老凤祥是上海滩的一块金字招牌，“成色准足、款式新颖、公道诚信”是老凤祥的代名词，当时的达官显贵都将老凤祥所制金银器物视为身份的象征。到了 1930 年，老凤祥不但在上海地区家喻户晓，连周边的省城都已知晓其名。为巩固竞争力，老凤祥翻建了钢骨水泥的新“洋楼”。“洋楼”最上一层为工场，有金匠、学徒近 40 人；中间一层作为店堂，陈列各种产品实样；一楼则是库房。这座“洋楼”一直保留至今，现已成为老凤祥银楼总店的标志。

老凤祥经历 170 多年发展，依旧熠熠生辉。它之所以能传承百年，就在于其汲取了我国传统金银制作工艺的精华，诸如泥塑、翻模、制壳、精雕、雕琢、拗丝等工艺。最重要的是老凤祥还保存了古老的鎏金工艺，如上海中苏友好大厦等知名建筑，都曾邀请老凤祥进行红星鎏金。

老凤祥通过传承与创新，将悠久的历史和深厚的文化底蕴融入品牌建设，不断调整产业结构，已成为中国珠宝首饰行业的龙头企业。

五、一得阁

一得阁以生产墨汁闻名，距今已有100余年的历史。一得阁主要以四川高色素炭黑、骨胶、冰片、麝香等为原材料，采用传统手工艺制作墨汁。其成品有墨迹光亮、浓淡五色、书写流利、易干耐水、永不褪色等特点。

笔墨纸砚是中国传统的书法绘画工具，不过古时候的墨和我们今天常说的墨是不一样的。我们今天常说的墨通常指液体的墨汁，可古时候的墨是指用漆烟、松烟制成的墨丸或墨锭，文人需在砚台中加入水研磨墨丸或墨锭才能得到墨水。

清同治年间，有一个叫谢崧岱的湖南人进京赶考，结果落榜了，他将考试失利的原因归结于研墨时浪费了时间。谢崧岱认为，如果考试时有现成的墨汁，考生就能有更多的时间去答卷了。于是，他充分发挥自己的动手能力，开始做起了试验。最后，他用油烟辅以其他配料，终于制作出了成品墨汁。

这种方便的墨汁一经上市就受到了文人墨客的热切追捧。清同治四年（1865 年），谢崧岱在北京琉璃厂开了一间生产、售卖墨汁的店铺。他赞美自己的墨汁“一艺足供天下用，得法多自古书人”，于是便给自己的店铺取名为“一得阁”。他亲笔书写的“一得阁”牌匾，至今仍完好地挂在北京琉璃厂东街。

一得阁有一个奇怪的规矩，那就是逢年过节、收徒拜师既不拜天地，也不拜神佛，只拜“墨圣”和掌柜。一得阁供奉的“墨圣”一共有三位：第一位是北宋文学家、书画家苏轼；第二位是《墨经》的作者、制墨专家晁季一；第三位则是历史上第一部制墨工艺书《墨法集要》的作者沈继孙。

后来，谢崧岱将一得阁传给了其弟子徐洁滨。徐洁滨是个经商能人，在他的经营下，一得阁的生意越来越红火，规模也越来越大，并在全国各地的大城市开设了分

店。因为一得阁墨汁有独特的配方和生产技术，所以还专门设立了制墨工厂。自徐洁滨起，一得阁的每一代传人都致力制墨机器设备的改良，力求用先进的生产技术和专业检测手段，让产品质量得到更大的提升。

除了墨汁，一得阁生产的八宝印泥在国内外也非常有名。这种印泥采用许多优质的名贵原材料制作而成，如天然红宝石、珊瑚、珍珠、上等朱砂等。因此，八宝印泥的成品不仅颜色纯正清晰，而且气味芳香，具有不惧日晒、火烤、水浸等特点。

如今，一得阁仍在不断的改革中向前行进。其不仅生产墨汁、印泥等文房用品，还经营字画、古玩、装裱和工艺品等，并通过网络将产品销售至全国乃至世界各地。

第七章

其他老字号

一、六必居

六必居酱园创建于明嘉靖九年（1530年），距今已有近500年的历史。酱菜是六必居最出名的产品，因选料严格、做工精良、咸甜适口，在国内外享有极高的声誉。

说到酱菜，六必居酱园出品的酱菜最为有名。六必居酱菜传承了近500年，因品种多，鲜亮香脆、咸甜适中，拥有良好的声誉。然而，六必居最初并不是卖酱菜的。

明朝中叶，来自山西的赵存仁、赵存义、赵存礼三兄弟在北京开了一家小店，卖柴米油盐。“柴米油盐酱醋茶”是人们日常生活中必不可少的物品，由于他们店小、本钱少，只卖了柴、米、油、盐、酱、醋六样，因此给小店取名为“六必居”。

关于六必居店名的来历还有一种说法：传说此店起源

于酿酒，而酿酒讲究“黍稻必齐，曲蘖必实，湛之必洁，陶瓷必良，火候必得，水泉必香”，即用料必须上等、下料必须如实、制作过程必须清洁、设备必须精良、火候必须掌握适当、泉水必须醇香。

说完“六必居”这个名称，还要来讲讲六必居的牌匾。据说，赵氏兄弟的六必居自开张起就大受欢迎，他们生意越来越好，店面也越扩越大，于是就想着弄一块好的匾额。今天我们看到的六必居牌匾相传是明代权臣和大书法家严嵩所题，关于他题匾的说法主要有两个：一个说法是，严嵩还未当大官时常常去六必居喝酒，因为他的字写得好，所以掌柜的就请他写了一幅牌匾；另一个说法是，严嵩做官后，经常让仆人去六必居买酒，掌柜的为了提高店铺的知名度，就让仆人去请严嵩题匾。最后，仆人求到了严嵩的夫人那里。夫人为了让严嵩为这个普通店铺题匾，就故意每日在他面前练习“六必居”三个字。严嵩觉得夫人写得不好，于是自己写了一遍，让夫人照着练习。如此一来，严嵩所写的“六必居”

便被其夫人智取到手。

六必居的牌匾和它的故事传出去后，果然引起了民众的兴趣，由严嵩带来的“热度”让原本普通的六必居声名大噪、身价大增。清朝时，六必居的酱菜还被选为宫廷御品。当时，朝廷赐给六必居一顶红缨帽和一件黄马褂，以方便它给宫中送货。后来，八国联军攻入北京，六必居和许多店铺都遭到了破坏，不过六必居的这块牌匾被店里伙计张夺标冒着生命危险抢了下来。

中华人民共和国成立后，六必居不断发展，其产品受到广泛的欢迎。改革开放后，六必居仍旧坚持着自己的酱菜制作工艺，并取得了飞跃式的发展。今天，六必居酱菜通过网络销售到全国各地，甚至国门外，受到广大消费者的喜爱。

王致和是地道的中华老字号，距今已有300多年的历史。王致和腐乳产品不仅有细、腻、松、软、香五大特点，还具有丰富的营养价值，深受消费者的喜爱。

清康熙八年（1669年），安徽仙源举人王致和进京赶考，结果遗憾落榜。由于盘缠不足，王致和滞留京城。因为他小时候在家里帮忙做过豆腐，便索性在住的地方做起了豆腐生意，以谋生计。

王致和每天都在街边售卖自己做好的豆腐，有时候卖不完就会剩下一些。为了不让这些豆腐坏掉，王致和将它们切成小块，然后撒上一些调料，在缸里进行腌制。由于繁忙，腌制的豆腐就被王致和抛在了脑后，很多天过去了他才想起来。等他打开缸盖，发现里面的豆腐已变成了青色，而且还散发着一股臭味。王致和实在舍不得把这些豆腐扔掉，就壮着胆子尝了一口，没想到这青色的臭豆腐居然别有一番风味！他赶紧将这豆腐送给其他人品尝，大家吃后都赞不绝口。自此，“王致和臭豆腐”的名声就传开了。

尽管如此，王致和仍然没有放弃自己的科举志向。他多次参加考试，可无一例外都落榜了。最终，王致和接受了现实，开始专心经营豆腐事业。清康熙十七年（1678 年），王致和建立了自己的豆腐作坊“王致和南酱园”，主要业务是卖臭豆腐，也售卖酱豆腐、豆腐干和各种酱菜。

此后，王致和臭豆腐经过多次改良，在清朝末年传入了宫廷，并大受慈禧太后喜爱。慈禧太后虽然喜欢吃臭豆腐，但是不喜欢“臭豆腐”这个名字，于是就赐给它一个雅致的名字——“青方”。有了太后赐名，王致和臭豆腐的名声彻底在北京城打响了。

1956 年，实行全行业公私合营，王致和与其他几家作坊合并，成立了国营田村酿造厂。1972 年，更名为北京腐乳厂。1991 年，更名为北京市王致和腐乳厂。2008 年，“王致和腐乳酿造技艺”被列入国家级非物质文化遗产名录。

随着时代的发展，王致和对传统产品进行了创新发展，产品的种类越发多样。除了“青方”，还生产“红方”“白方”及料酒和各种调料。如今，王致和生产的产品已有百余种，并不断研发新品，以满足更多人的需求。

三、茅台

茅台酒是贵州省仁怀市茅台镇的特产，与苏格兰威士忌、法国干邑白兰地并称“世界三大蒸馏名酒”。茅台酒是大曲酱香型白酒的鼻祖，至今已有800多年的历史，是当之无愧的老字号品牌。

茅台酒的酿造历史悠久，酿造工艺独特，质量上乘。茅台酒酒色透明，酱香突出，醇香馥郁，入口绵柔，清洌甘爽，回味悠长。

关于茅台酒的历史，最早可以追溯到汉武帝时期。《遵义府志》记载：“枸酱，酒之始也。”司马迁在《史记》中也有关于茅台酒的记载：建元六年（前135年），汉武帝派唐蒙出使南越。唐蒙到南越国后，在广州喝到了夜郎（古国名，包括今贵州的西部、南部）生产的枸酱酒。唐蒙觉得此酒香醇味美，令人回味无穷，因此，特意带回长安敬献给汉武帝。汉武帝品尝之后，觉得此酒甘美异常，非常高兴。就这样，“唐蒙饮枸酱而使夜郎”的事迹让茅台酒走出深山，以朝廷贡品的身份流传下来。

唐宋以后，茅台酒逐渐成为贡酒。后来，它更是通过“南方丝绸之路”传播到海外。到了清代，茅台镇酒业兴旺，诸如“茅台春”“茅台烧春”“同沙茅台”等名酒声名鹊起。清康熙四十三年（1704 年），“偈盛烧房”将自产酒正式定名为“茅台酒”。根据清朝《旧遵义府志》的记载，道光年间，“茅台烧房不下二十家，所费山粮不下二万石”。

作为中华老字号品牌，茅台酒除了悠久的历史，还有号称“千古一绝”的酿制技术。茅台酒的生产工艺不同于其他白酒，它的生产周期长达 7 个月，而且蒸馏出的酒必须入库窖藏 4 年以上。随后，这种酒再与窖藏 5 年、8 年、10 年、20 年、30 年、40 年的陈酿混合勾兑，最后经过化验、品尝才能装瓶出厂。

茅台酒以当地的优质高粱做原料，用小麦制成高温

曲，然后用的酒曲比原料更多。所用酒曲多、发酵时间长、发酵次数多、取酒次数多，这些都是茅台酒酿造的独特工艺，也是茅台酒风格独特、品质优良的重要原因。

酿制茅台酒的周期长达 1 年，全部生产过程近 5 年之久。在此期间，每瓶茅台酒都要经历“重阳下沙”“端午踩曲”“长期贮存”等工艺环节，最后，人们采用酒勾酒的方式将 100 余种不同酒龄、不同香型、不同轮次、不同酒度的基酒进行组合，最终才形成了茅台酒的典型风格。

茅台酒经千年却历久弥新，时至今日仍生气勃勃。在这个崭新的时代，相信茅台酒定能凭借优秀的品质与深厚的底蕴，迎来全新的发展与机遇。

四、吴裕泰

提起茶庄，就不能不提吴裕泰这个以生产、售卖花茶、茶具为主的老字号。吴裕泰自产的茉莉花茶最为有名，这种茶香气持久，滋味醇厚回甘，汤色清澈明亮，被消费者称为“裕泰香”。

吴裕泰始创于清光绪十三年（1887年），原名为“吴裕泰茶栈”，距今已有近140年的历史。谈及吴裕泰这个老字号的来历，可以说是“无心插柳柳成荫”。

吴裕泰的创始人名为吴锡卿，是安徽歙县人。光绪年间，吴锡卿跟随一位赶考的举人进京。想到要在外面待很长时间，他便从家中带了很多茶叶。二人到京城后，举人忙着备考，吴锡卿则四处闲逛。他有时会跟左邻右舍聊聊天，一来二去大家就熟络了起来。吴锡卿还特地将从家中带来的茶叶与邻居分享，邻居尝了之后，对他的茶叶赞不绝口，还有人劝吴锡卿摆摊把茶叶卖掉。吴锡卿觉得此人说得有道理，于是便在北新桥大街路东的门洞里摆起了茶摊，茶叶很快就被抢购一空。

吴锡卿发现了售茶的商机，便准备在这里摆摊。举人落榜后准备留在北京继续苦读，等待下科再考，便让吴锡卿回歙县老家替他取些银两。吴锡卿回到家乡，带回了大量茶叶，正式开始了在北京的茶叶生意。数年之后，吴锡卿积累了一些银两，便把这个门洞买了下来，并将其修缮，建成店铺门面，还启用了“吴裕泰”字号。没想到这样的一个无心之举，却成就了一个百年老字号。

吴裕泰是靠制作花茶发家的，其招牌就是茉莉花茶。100多年来，吴裕泰制作茉莉花茶都秉持“自采、自窨、自拼”的“三自”方针，其制成的花茶让人喝了回味无穷。

为了在新时代取得更好的发展，吴裕泰在传承百年技艺的同时，也对自身的经营策略进行了调整。吴裕泰还着手对自身的产品进行创新，在原有茉莉花茶的基础上，相继开发了珠兰

花茶、桂花花茶等花茶新品。

吴裕泰不仅对花茶的种类进行了创新，还跟随时代潮流，在各地的茶庄卖起了茶味的冰激凌、茶味小饼干，并开起了“茶水吧”，这些经营模式吸引了一大批年轻的消费者。

吴裕泰还通过与其他品牌跨界融合来提升自身品牌影响力，其中最为人称道的就是与国家博物馆联名，以馆藏《百花图》为灵感，推出了“花语茶言”国博联名礼盒。

吴裕泰将老字号与传统文化相结合，在新时代焕发出新的生机。

五、洋 河

"洋河"是我国著名的白酒品牌，也是一个历史悠久的老字号。洋河酒起源于隋唐，盛行于明清，距今已有1400余年的历史。洋河酒作为浓香型大曲酒的代表，因其酒香浓郁、入口甘甜、细腻悠长，广受消费者的青睐。

洋河酒因产自江苏省宿迁市的洋河镇而得名，洋河镇早在汉朝时就已成为著名的酒产地。1949年，在党和政府的支持下，国营洋河酒厂正式成立，但洋河酒的历史要比其酒厂更久远。

洋河酒在清乾隆年间还成为皇家贡酒。它能受到乾隆皇帝的关注，与明朝嘉靖年间由浙江湖州迁居洋河镇的罗氏有关。当时，罗氏族人罗洪林来到洋河镇，在美人泉畔开设了泉泰糟坊。后来，泉泰糟坊逐步壮大，成为镇上最大的酿酒作坊。

据《宿迁县志》记载，乾隆皇帝下江南时，曾驾临宿迁的皂河行宫，他品尝罗家所献的洋河酒后，对其香醇的味道赞不绝口。乾隆在行宫日日饮酒，住了七天仍不想离开，临走时用御笔写下“洋河大曲，酒味香醇，真佳酒也”。从此以后，洋河酒便成为皇室贡酒，其名声也因此大噪。

洋河酒的酒味香醇，得益于罗洪林对其酿造工艺的改进。罗家在老家湖州时就是专门酿酒的，当时他们酿的是黄酒。罗洪林来到洋河镇后，将这里的高粱酒酿制方法与湖州的黄酒酿制方法相结合，开创了一种新的酿酒工艺。

后来，罗洪林又觉得用红高粱酿出的酒酒性过烈，于是便用大米、玉米和高粱三种粮食合酿，大大降低了洋河酒的烈性，这也造就了洋河酒独特的绵柔型风味。

战争年代，洋河酿酒作坊因无法正常酿酒，日益凋敝。1949年，中华人民共和国成立，在国家的扶持下，几家小酒厂合并为国营洋河酒厂。后来，发展为江苏洋河酒厂股份有限公司。在很长一段时间内，洋河酒都未受到什么关注，直到20世纪七八十年代，它才开始重新回归人们的视野，并受到越来越多的人的欢迎。

洋河酒素有“福泉酒海清香美，味占江淮第一家”的美誉，其醇香的味道是它在今天依然具有竞争力的重要因素。

六、东　阿

东阿，中华老字号品牌，其主要产品为东阿阿胶。东阿阿胶原产于山东省东阿县，与人参、鹿茸并称为“中药三宝”。《神农本草经》称阿胶“久服，轻身益气”，《本草纲目》将阿胶列为“圣药”。

“阿胶”之名始载于《神农本草经》，是历代名医的必用之物。《本草经集注》记载：“出东阿，故曰阿胶。”其中的“东阿”是指今山东省聊城市东阿县。东阿是全国著名的阿胶之乡，阿胶也让东阿这片土地久负盛名。

在东阿还流传着一个关于阿胶的传说：很久以前，东阿出现一种非常可怕的疾病，得病的人表现为气喘心慌、四肢酸疼、吐血不止，最终在痛苦中离开人世。东阿有一个貌美善良的姑娘叫阿娇，她的母亲也得了这种病。看着母亲痛苦的样子，阿娇心急如焚，到处打听治病的方子。后来，她听说药王山有位神仙能治这种病。

于是，阿娇告别父母，前往药王山。阿娇翻山越岭，历经千辛万苦来到药王山。她在山上找了好几天，却什么也没找到。正当她准备下山时，忽然发现了一头受伤的小黑驴，于是，她采来草药，为小黑驴治伤，还给它喂草喂水。小黑驴的伤渐渐好了。阿娇准备回家了，在与小黑驴辞别时，她把上山寻神仙救母亲的事说给了小黑驴听。话音刚落，天气突变，电闪雷鸣，狂风大作。小黑驴猛然跳起来，一晃身子褪下驴皮，变成一条黑龙飞到了天上，它对阿娇说："你快拿着驴皮，用井水将其熬制，救你的母亲吧！"说完便腾空而去。

阿娇将驴皮带回家，然后把皮晒干，褪净毛，打来井水熬制。她熬了九天九夜，才把水熬干。这时，锅底有一层亮晶晶的黑胶，奇香扑鼻。阿娇将凝固的胶切成小块给母亲吃，她的病很快就好了。阿娇又把胶块分给乡亲们，他们吃了几次以后，也痊愈了。就这样，阿娇熬胶救人的故事一传十，十传百，便在民间流传了下来。人们感念阿娇的恩情，便把这种胶叫作"阿胶（娇）"。

东阿阿胶功效佳，当时的王公贵族常用它来养生。唐朝的杨贵妃肤若凝脂，那是因为她有秘方："铅华洗尽依丰盈，雨落荷叶珠难停。暗服阿胶不肯道，却说生来为君容。”明代江南名士何良俊用阿胶养生，气血两旺，颐养天年。清代，慈禧做懿嫔时体虚，患有血症，服食阿胶后，顺利怀胎，并生下同治帝。因此，慈禧对阿胶情有独钟，终生都在服用。

东阿阿胶有补血滋阴、润燥止血的功效，因此，备受名医和病人追捧。

东阿阿胶自 1952 年建厂，历经 70 多年的发展，现已成为阿胶品类的龙头企业。其主要从事阿胶及系列中成药、保健药品和食品的研发、生产和销售。它始终坚持用传统工艺制作阿胶。为了迎合新的消费群体，还研发出新产品复方阿胶浆、“桃花姬”阿胶糕等，产品不仅畅销国内，还被销往东南亚、欧美等十多个国家和地区 。东阿阿胶始终坚守质量关，守住发展生命线，用坚守品质、守正创新的理念“唤醒”中华老字号的品牌价值。